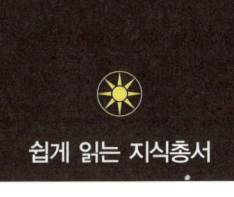

쉽게 읽는 지식총서

심리학
(心理學)

惠園出版社

쉽게 읽는 지식총서 **심리학**

지은이 | 니콜레 랑어
옮긴이 | 윤진희
펴낸이 | 전채호, 전용훈
펴낸곳 | 혜원출판사
등록번호 | 제406-2005-000054호(Since 1977)

편집 | 장옥희 · 석기은 · 전혜원
디자인 | 홍보라
마케팅 | 채규선 · 배재경
관리 · 총무 | 오민석 · 신주영 · 백종록
출력 | 영준그래픽스
인쇄 · 제본 | 백산인쇄

주소 | 경기도 파주시 교하읍 문발리 출판문화정보산업단지 507-8
전화 · 팩스 | 031)955-7451(영업부) 031)955-7454(편집부) 031)955-7455(FAX)
홈페이지 | www.hyewonbook.co.kr

Psychologie by Nicole Langer

Copyright ⓒ Compact Verlag GmbH, Muenchen 2006
The original German edition is published by Compact Verlag GmbH
All rights reserved

Korean Translation Copyright ⓒ 2008 Hyewon Publishing Co.
Korean edition is published by arrangement with Compact Verlag GmbH through
Corea Literary Agency, Seoul

이 책의 한국어판 저작권은 Corea 에이전시를 통한
Compact Verlag GmbH와의 독점계약으로 혜원출판사에 있습니다.
신저작권법에 의해 한국 내에서 보호를 받는 저작물이므로
무단 전재와 복제를 금합니다.

ISBN 978-89-344-1006-5

쉽게 읽는 지식총서

Psychology
심리학

니콜레 랑어 지음 / 윤진희 옮김

목차

I. 심리학의 역사

1. 고대시대 — 13
1) 플라톤 Platon — 14
2) 아리스토텔레스 Aristoteles — 15
3) 클라우디우스 갈레누스 Claudius Galenus — 16

2. 중세시대 — 16
1) 아우구스티누스 Aurelius Augustinus — 17
2) 토마스 아퀴나스 Thomas Aquinas — 18

3. 계몽시대 — 19
1) 르네 데카르트 Rene Descartes — 20
2) 합리주의 — 21
3) 경험주의 — 21

4. 낭만주의 — 23
1) 동물심리학 — 23
2) 발달심리학 — 24

5. 19세기의 발전 과정 — 24
1) 생리심리학 — 25
2) 사이코메트리 — 25
3) 실험심리학 — 26

6. 20세기의 심리학 — 27
  1) 행동주의 — 27
  2) 심층심리학 — 28
  3) 나치시대의 심리학 — 30
  4) 전후시대 — 31
7. 현대의 심리학 정의 — 31

Ⅱ. 심리학의 분야

1. 인지(認知) — 35
  1) 심리물리학 — 38
  2) 게슈탈트 심리학 — 38
  3) 인지의 지속성 — 40

2. 동기 — 41
  1) 먹기 — 43
  2) 공격성 — 44
  3) 좌절-공격성 가설 — 46
  4) 성취 동기 — 48
  5) 욕구의 단계 — 50

3. 감정 — 51
  1) 표정 — 53
  2) 태도 — 54

4. 기억 — 55

1) 기억력은 어떻게 작용하나 — 56

2) 왜 잊어버리게 되나 — 57

3) 학습을 위해 필요한 것 — 58

5. 생각과 문제 해결 — 59

1) 추론적인 생각 — 62

2) 문제 해결 — 63

6. 학습 — 65

1) 고전적 조건 형성 — 66

2) 성공을 통해 배우기 — 68

3) 모범상을 통해 배우기 — 69

7. 성격심리학 — 71

1) 지그문트 프로이트 Sigmund Freud의 역동적 성격이론 — 71

2) 크레치머의 유형론 — 73

3) 행동주의 이론 — 74

4) 자아 — 74

5) 두려움과 겁 — 75

6) 지능 — 76

8. 사회심리학 — 78

1) 낯선 사람에 대한 평가 — 78

2) 선입견 — 79

3) 관계 형성 — 80

4) 사랑 — 82

5) 집단 — 83
6) 모빙 Mobbing — 84

9. 발달심리학 — 86
1) 영유아기 — 87
2) 취학 전 아동 — 89
3) 초등학생 — 91
4) 청소년 — 91
5) 성인 — 93

10. 병리심리학 — 95
1) 불안장애 — 96
2) 정서장애 — 100
3) 식이장애 — 102

11. 직장심리학과 조직심리학 — 104
1) 노동 동기 — 104
2) 스트레스 — 106
3) 직장에서의 신기술 — 108
4) 직원 선별 — 108

12. 시장심리학, 광고심리학, 소비자심리학 — 109
1) 광고 — 110
2) 광고에서의 학습과 정보 저장 — 111
3) 사회심리적 관점 — 113

13. 환경심리학 — 114
1) 환경심리학의 일반적인 관점 — 115

2) 주거 환경 — 116

3) 도시심리학 — 117

4) 시간의 경험 — 118

5) 여가 시간 — 118

6) 환경 문제에 의한 심리적 영향 — 119

7) 참여 가능성 — 121

14. 정치심리학 — 124

1) 정치와 정치기관에 대한 신뢰감 상실 — 125

2) 외국인 혐오 — 127

15. 법심리학 — 128

1) 증언 능력 — 129

2) 신빙성 — 131

16. 종교심리학 — 132

1) 종교와 사회심리학 — 133

2) 종교와 건강 — 136

3) 종교와 성격 — 137

Ⅲ. 심리학적 방법과 개입

1. 진단학적 방법 — 143

1) 관찰 — 143

2) 인터뷰 — 144

3) 심리적 테스트 과정 — 145

2. 심층심리학 — 146

 1) 지그문트 프로이트의 심리분석 — 147

 2) 카를 구스타프 융의 분석 치료 — 150

 3) 아들러의 개인 심리학 — 152

3. 최면 치료 — 154

4. 지도연상법에 의한 심리치료 — 155

5. 신체심리치료 — 157

6. 사이코드라마 — 158

7. 인간중심적 심리치료 — 160

8. 행동치료 — 162

9. 가족치료 — 164

1) 버지니아 사티어Virginia Satir의 경험적 가족치료 — 165

2) 호르스트 에버하르트 리히터Horst Eberhard Richter의 심리분석적 가족치료 — 167

10. 게슈탈트 요법 — 168

11. 심리사회적 상담 — 170

12. 조정(調停) — 171

• 찾아보기 — 174

I
심리학의 역사

심리학이 발생하게 된 고대 이후 심리학의 주요 테마는 계속해서 변화하였다. 심리학은 신학과 철학의 종속적인 학문이기 때문에 때때로 이쪽저쪽으로 날아드는 공과 같다. 심리학이 점점 더 발달하면서 계속해서 새로운 과제 영역과 주요 테마가 생겨났고, 그래서 오늘날 심리학이란 과연 무엇인지 그리고 심리학은 무엇으로 구성되어 있는지를 간단명료하게 설명하는 것이 더욱 어려워졌다.

위대한 그리스 사상가 플라톤

오르페우스, 헤르메스와 함께 있는 에우리디케

1. 고대시대

이미 고대시대부터 영혼에 대한 여러 가지 이론이 있었다. 그리스에서는 BC 600년경에 오르페우스적 움직임이 일어났다. 오르페우스주의자들은 오르페우스를 신처럼 숭배하였다. 그는 시작(詩作), 지식, 종교를 모두 합친 능력을 몸소 체현해 보여준 사람이었다. 오르페우스주의자들은 영혼이 육체와는 별

개로 독립적인 삶을 유지한다는 점을 확신하였다. 그들은 영혼이 육체와 육체 사이를 떠돌아다닐 수 있으며, 불멸한다고 믿었다. 그들에게는 꿈도 중요한 위치를 차지하였다. 영혼은 사람이 잠들었을 때 육체를 떠나는 능력을 가지고 있다고 믿었다.

> **! 오르페우스**
>
> 오르페우스는 그리스 신화에 나오는 인물로서 아폴로의 아들이다. 그는 특별한 노래를 이용해 사람과 동물 그리고 신들까지 지배할 수 있는 권력을 가지고 있다. 그래서 그는 죽은 아내인 에우리디케를 지하세계에서 빼내기 위해 자신의 능력을 이용했다. 그는 노래로 신들의 마음을 움직였고, 신들은 에우리디케를 다시 살아나게 하는 것을 허락하였다. 그러나 지하세계를 벗어날 때까지 뒤를 돌아보지 말라는 명령을 오르페우스가 지키지 않았기 때문에 결국 에우리디케는 지하세계에 머물게 되었다.

1) 플라톤

플라톤과 또 다른 철학자들

철학자 플라톤(Platon, BC 427~347)은 오르페우스주의자의 사상을 이어받은 뒤 그것을 더욱 발전시켰다. 그의 관점에 따르면 영혼은 마치 공기와 같아서 육체에 생명을 불어넣는 것이라고 볼 수 있다. 그는 영혼이 세 가지로 이루어져 있다고 말한다. 즉 하체에 존재하는 탐욕적인 영혼, 가슴에 존재하는 목표를 추구하고 결단력을 지닌 영혼, 머리에 존재하는 생각하는 영혼이 있다. 플라톤은 생각하는 영혼만이 불멸의 특성을 가지고 있으며, 사람이 죽고 난 후 육체로부터 분리된다고 보았다.

2) 아리스토텔레스

이후 아리스토텔레스(Aristoteles, BC 384~322)에 의해 영혼의 이분법적인 이론에서 일원적인 관점이 다시 등장하게 되었다. 일원적 관점에서는 육체와 영혼이 매우 긴밀하게 연결되어 있다. 육체를 영혼의 도구로 보는 것이다. 아리스토텔레스도 영혼을 세 가지로 나누었다. 영양을 공급하는 식물적 영혼, 욕구와 감정을 조절하는 동물적 영혼, 논리의 능력을 나타내는 정신적 영혼이 있다. 정신적 영혼은 육체로부터 독립적이고 그로써 불멸의 특성을 지니기 때문에 매우 특별한 역할을 한다. 이러한 구분은 오랫동안 심리학의 이론적 방향에 강한 영향을 미쳤다.

아리스토텔레스의 운명의 바퀴

? 알고 넘어가기

아시아의 불교, 도교, 유교 등에서도 영혼에 대한 이론과 학설이 있었다. 이러한 학설은 실용적인 경향을 보이며, 그것은 삶을 살아가는데 지침과도 같은 기능을 한다. 그러나 이러한 이론은 서양의 심리학에는 거의 영향을 미치지 못하였다.

고대시대에 있었던 또 다른 중요한 이론 방향에는 스토아 학파(BC 308년 설립)와 에피쿠로스 학파(BC 306년 설립)가 있다. 이 이론에 따르면 인간을 자연의 일부로 보기 때문에 두 학파에 속한 사람들은 모두 인간의 행동에 대해 자연과학적인 관점과 판단에서 출발하였다. 두 학파는 심리학의 자연과학적인 방향을 위해 중요한 전제를 만들어놓았다.

3) 클라우디우스 갈레누스

플라톤, 히포크라테스, 디오스쿠루스

의학자였던 클라우디우스 갈레누스(Claudius Galenus, 약 129~199년경)는 히포크라테스(약 BC 460~370년경)의 체액이론을 연구하였고, 체액과 기질의 관계에 대한 이론을 발전시켰다. 그는 사람의 몸을 혈액과 점액 그리고 흑색쓸개즙과 황색쓸개즙으로 구성되어 있다고 보았다.

갈레누스는 몸에 어떤 체액이 더 많은지에 따라 사람의 기질을 네 가지로 나누었다. 우선 몸에 혈액이 많은 다혈질은 쉽게 흥분하지만 기쁨도 잘 느낀다. 점액이 많은 점액질은 반응을 천천히 보이지만 우울한 편에 속하지는 않는다. 황색쓸개즙이 많은 담즙질은 쉽게 흥분하며 화를 잘 낸다. 흑색쓸개즙이 많은 우울질은 반응이 느리며 우울한 편이다.

2. 중세시대

로마제국 후기에 기독교가 유럽 전역에 점점 더 확대되었고, 로마제국 안에서도 기독교가 주도적인 종교로 자리를 굳히게 되었다. 이러한 종교적인 변화로 인해 기독교적 철학의 의미로 사고의 전환이 나타나게 되었다. 교부들이 플라톤으로부터 많은 것을 받아들였고, 그것을 성경의 이야기에 적용시켰다. 이 시대에는 인간의 영혼을 신으로부터 창조된 것으로 보았다. 영혼을 육체가 없고, 이상에 의해 영향을 받는 불멸의 존재로 여겼던 것이다.

1) 아우구스티누스

중세시대의 훌륭한 인물로는 아우구스티누스(Aurelius Augustinus, 354~430)가 있다. 그는 기독교인인 어머니와 이교도인인 아버지 사이에서 태어났다. 386년에 그는 기독교를 받아들이게 되었고, 그 다음 해에 세례를 받았다. 그리고 395년에 주교로 취임하였다.

아우구스티누스의 저서 『신국론 De Civitate Dei』의 장면들

그는 비판적인 철학 사상을 성서와 조화시키기 위해 노력하였고, 그로써 신학과 철학을 결합할 수 있게 되었다. 그러면서 특히 감각과 욕구의 문제에 집중하였다. 특히 정신적인 기능에 중점을 두었는데, 이를 시간적인 연관관계 안에서 배열하였다. 인간의 정신이 과거의 일을 다룰 때에는 기억이 작용하게 되며, 정신이 현재의 일을 다룰 때에는 통찰과 이해가 사용되고, 정신이 미래에 집중할 때에는 의지가 작용하게 된다. 아우구스티누스는 정신이 하나의 단위를 형성한다고 보았다.

토마스 아퀴나스

마틴 루터

2) 토마스 아퀴나스

토마스 아퀴나스(Thomas Aquinas, 약 1225~1274)는 중세 철학인 스콜라 철학의 대표자였다. 그는 종교보다 철학이 더 높은 위치에 있다는 사실을 인정하고, 『신학대전 *Summa Theologica*』을 저작하였다. 그는 그의 사상에서 신학을 중세철학과 함께 통합하였다. 특히 아리스토텔레스의 교리를 성경의 의미에서 해석함으로써, 아리스토텔레스가 새롭게 인정받을 수 있도록 기여하였다. 토마스 아퀴나스 이후에 인간의 영혼은 신체적인 것만이 아니라 정신적인 관점을 포함하는 통일적인 존재 형태를 가지게 되었다. 이러한 관점은 정신적인 차원을 가능하게 하는 신체가 있고 나서 영혼이 만들어지며, 신체가 죽은 뒤에도 영혼이 계속해서 살아 있다는 사실을 전제로 한다. 아리스토텔레스의 의미에서 토마스 아퀴나스는 다양한 영혼의 기능적 관점을 받아들인다.

후기 중세시대에는 커다란 사회적 변혁이 일어났다. 마틴 루터(Martin Luther, 1483~1546)가 이끈 개혁운동이 독일 교회의 개혁을 가져온 것이다. 인본주의적인 철학 방향이 나타났고, 이는 로마 철학뿐 아니라 그리스 철학과도 관련되어 있다. 그 중심에는 개인의 사고의 독립성과 개개인에 대한 높은 가치가 놓여 있다. 마틴 루터의 친구인 필리프 슈바르체르트(1497~1560)는 이후에 자신의 이름을 멜란히톤이라고 하였으며, 처음으로 강연에서 심리학이라는 개념을 사용하였다. 그 또한 토마스 아퀴나스와 마찬가지로 아리스토텔레스의 교리에 대해 집중적으로 연구하였다. 아리스토텔레스의 세 가지 영혼의 층위이론을 받아들였고, 그것을 생물적 영혼, 동물적 영혼, 인간적인 영혼으로 구분하였다.

필리프 멜란히톤

> **! 심리학의 개념**
>
> 심리학이라는 개념은 그리스 언어에서 유래하였다. 이 단어는 정신이라는 의미를 지닌 'psycho'와 학문 또는 학을 의미하는 'logos'라는 단어가 합쳐져 만들어진 것이다. 멜란히톤 이후로 이 개념이 사용되었으나, 다른 학자들에 의해서 산별적으로 사용되기도 하였다. 심리학이라는 학문 분야는 이 시대에 영혼학 또는 정신학이라고도 불렸다. 심리학이라는 단어는 라틴어에서 처음으로 독일어에 받아들여졌다. 그 이후 18세기에 프랑스어와 영어에 받아들여졌다. 19세기에야 비로소 이러한 개념이 완전히 관철되었다.

3. 계몽시대

계몽시대에는 종교와 학문 간의 갈등이 심했다. 모든 것이 하나님의

손에 달렸다는 믿음은 인간이 자유로운 의지를 지닌다는 관점에서 분리되었다. 이는 인간이 세상과 인간의 본질을 파악할 수 있을 정도로 충분한 이성을 갖추고 있다는 관점에서 출발한다.

여기에서는 특히 두 가지 방향이 중요하다. 그중 하나는 이성적 사고에 의해 강한 영향을 받은 합리주의이며, 다른 하나는 신중하고 계획적인 관찰에 바탕을 두고 있는 경험주의이다. 신학과 종교로부터 벗어남으로써 심리학은 학문 안에서 높은 평가를 받게 된다. 인간의 이성에 집중함으로써 인간 정신의 기능에 대해 더욱 많은 관찰을 하게 되었다.

1) 르네 데카르트

르네 데카르트

르네 데카르트(Rene Descartes, 1596~1650)는 계몽시대 초기에 매우 중요한 위치를 가지게 된다. 그는 인간의 행위와 감정에 대해 연구하였는데 신체와 정신은 하나의 단위가 아니며, 서로 분리되어 작용한다고 전제하였다. 그러나 그 둘의 상호작용에 대해서는 인정하였다. 그처럼 그는 신체 안에 변화를 가져오는 감정의 경험을, 그리고 감정의 경험에 영향을 미치는 신체의 상태를 관찰하였다. 또한 감각의 신빙성에 대해서도 연구하였는데 오직 사고만이 자신의 경험이 실제이며 꿈이 아니라는 것에 대한 확실성을 가져다준다는 결론에 도달하였다.

데카르트로부터 '나는 생각한다, 고로 존재한다.(Cogito ergo sum)' 라는 유명한 문장이 유래하였다. 그는 합리주의의 설립자라고 할 수 있다.

2) 합리주의

합리주의는 이성에 의해 강한 영향을 받은 세계의 통합적인 질서에서 출발한다. 합리주의의 대표적인 인물로는 독일 철학에 큰 영향을 미친 크리스티안 볼프(Christian Wolf, 1679~1754)가 있다. 그는 1720년에 출판한 첫 번째 교재에서 가장 중요한 심리학 개념들을 독일어로 표현해놓았다. 그것을 통해 심리학은 독일어권 내에서 엄청난 발전을 보였다. 볼프에게 영혼은 의식을 가지고 있는 정신적인 단위이다. 그는 육체와 영혼이 서로 구분된다는 관점을 대표하는 철학가이다.

또한 그는 정신사와 정신학을 따로 구분하였다. 정신사 또는 경험적인 심리학을 감각, 인지, 상상, 기억, 언어, 느낌, 의지 등 심리적 현상의 총합으로 보았다. 정신학 또는 이성적인 심리학의 개념은 영혼과 정신의 본질을 파악하는 모든 것과 관련이 있다고 보았다.

3) 경험주의

인간의 이성을 강조하는 합리주의와 달리 경험주의에서는 경험과 감각적인 인식을 중요시한다. 사람은 자신의 경험을 정리하고 처리하며 일반화할 수 있다. 철학자 존 로크(John Locke, 1632~1704)는 인간 영혼의 탄생 시점을 아무것도 없는 백지상태(Tabula rosa)

존 로크

I. 심리학의 역사 21

줄리앙 오프레드 라 메트리

에 비교할 수 있다고 하였다.

경험을 바탕으로 해서 사람은 삶을 발전시켜주는 인식을 얻게 된다. 로크는 정신적인 활동을 두 종류로 구분한다. 한 종류는 외부, 즉 주변 환경을 향하는 감각의 경험이고 또 다른 한 종류는 인식, 사고 그리고 다른 정신적인 활동의 자아관찰인 숙고이다. 그는 감각의 경험과 숙고가 함께 작용할 때에만 정신은 내용을 가진다고 보았다.

1748년에 줄리앙 오프레 드 라 메트리(Julien Offray de La Mettrie, 1709~1751)의 책 『인간기계론』이 출간되었다. 책에서 그는 인간을 외부 에너지 유입에 의해 좌우되는, 스스로를 조종하는 기계로 설명한다. 정신은 뇌에서 생겨날 수 있는 것인데, 뇌 또한 상징을 처리하는 기계로 보았다.

? 알고 넘어가기

1783년에 첫 번째 심리학 전문 잡지인 『너 자신을 알라(그리스 어 : Gnothi Sauton)』가 출간되었다. 편집자는 중·고등학교 교사며 작가인 칼 필립 모리츠(Karl Philipp Moritz, 1756~1793)였다. '정신자연과학'에서는 꿈, 예견, 어린 시절 기억 등에 대한 현상을 다루었다. '정신표시학'에서는 인성에 대한 설명과 특징의 중요성을 다루었다. '정신병학'에서는 기이하고 규범에 어긋나는 행동이 나타나는 경우들에 대해 설명하였다. '정신치료학'에서는 정신병에 대한 치료 과정을 언급하였다. 이 잡지는 매우 큰 사랑을 받았고, 10년 동안 정기적으로 출간되었다.

4. 낭만주의

18세기 후반에 결정적인 격변이 찾아왔다. 자연으로의 귀환이라는 움직임으로 이성에 대한 관심이 사라졌던 것이다. 정신의 개념은 자연 전체로 확대되었고, 그로써 관심은 인간만이 아니라 단순한 생명체에도 적용되게 되었다. 특히 개인과 생활공동체의 특성이 중심에 놓이게 되었다. 그로써 동물심리학, 발달심리학, 민족심리학, 사회심리학, 차이심리학, 성격심리학 등이 발전하였다.

1) 동물심리학

18세기에는 인간의 기원에 대한 이론이 널리 퍼졌다. 특히 찰스 다윈(Charles Robert Darwin, 1809~1882)의 선택이론이 커다란 주목을 받았다. 그의 선택이론은 모든 생명체가 적응을 통해 발전하게 되며, 이전 종족의 특성이 오늘날 인간에게 전달된다는 사실에서 출발한다. 그는 인간과 동물 간에는 중요한 일치점이 있을 수밖에 없다는 점에서부터 동물심리학 이론에 도달하게 되었다. 감정

찰스 다윈

의 표현에서도 다양한 문화와 연령에 속하는 사람들에게서만이 아니라 동물들 간에도 공통점이 있다고 보았다. 다윈 외에도 동물심리학을 연

구한 학자들이 많았다. 그렇게 해서 동물심리학은 19세기 말에 현대 자연과학으로 발전하게 되었다. 동물심리학 연구에는 곤충, 습성, 유전, 학습 등이 중심에 놓여 있다.

2) 발달심리학

발달심리학의 시작은 다양한 교육자와 작가와 학자들의 세부적인 개별 상황 묘사에 의해 이루어졌다고 할 수 있다. 그들은 대체로 자신의 자녀들을 관찰하고 그들의 발달과정을 기록하였던 것이다. 소위 '부모일기'에 자녀들의 언어발달과 운동발달에 대한 내용을 모두 담아놓았다. 발달 자체를 자연적인 기관의 성장으로 여겼으며, 관찰을 통해 연구가들은 유전된 행동과 습득된 행동을 구분하기 위해 노력하였다.

1914년에 윌리엄 슈테른(William Stern, 1871~1938)의 책에서 처음으로 발달심리학적 현상 연구의 실험 방법에 대해 설명하였다. 그 이후에 발달심리학은 유년기의 아이들에서 청소년으로 그 대상 범위를 확대하였고, 결국 샤를로테 뷜러(Charlotte Bühler, 1893~1974)에 이르러서는 전체 인생 단계로 확대되었다.

5. 19세기의 발전 과정

19세기에는 지식과 규칙성에 대한 인식을 완성하는 인간의 정신이 중심에 놓였다. 이러한 연구에서 중요하게 다루는 주제는 정신의 본질, 즉 의식인데 이는 인식, 동기, 감정 등의 정신적인 기능을 포함한다. 심리학의 자연과학적 분야에서도 기본 토대에 대한 연구가 계속해서 발전하였다.

1) 생리심리학

신체적 과정과 연관이 있는 정신 기능에 대한 관찰이 점차 늘어났다. 신경계에 대한 생리학과 해부학에 대한 인식이 증가하고, 감각기관과 근육을 뇌와 연결시키게 되면서 그러한 경향이 촉진되었다. 헤르만 폰 헬름홀츠(Hermann von Helmholtz, 1821~1894)의 책은 그중 뛰어난 성과로 손꼽힌다. 그 책에서는 시각에 대한 해부, 생리 그리고 신체적인

헤르만 폰 헬름홀츠

기본 바탕이 제시되어 있다. 자연과학적인 심리학은 이러한 인식을 사용하였고, 특히 감각심리학과 인식심리학을 중점적으로 다루었다.

> **! 특이한 연구 – 소시지의 어슷썰기**
>
> 1875년에 있었던 페히너의 연구는 다소 특이한 연구에 속한다. 그는 이 연구를 위해 다양한 소시지들을 구입해 그 각도를 측정하였다. 썬 각도에 따라 소시지 조각은 서로 다른 길이의 타원 형태를 보였다. 페히너는 특정한 타원 형태를 선호하는지에 대한 문제에 관심을 가졌다. 그는 건물, 액자 등 다른 것들을 대상으로도 유사한 연구를 하였다.

2) 사이코메트리(Psychometrie)

정신을 자연의 일부로 여겼기 때문에 정신적인 현상도 측정하고 셀 수 있다고 보았다. 이처럼 계산하고 측정하는 과정을 사이코메트리라고

한다. 구스타프 테오도어 페히너(Gustav Theodor Fechner, 1801~1887)는 그러한 문제를 처음으로 다룬 사람들 중 한 명이다. 그는 의식 속에서 신체적인 특징의 대표적인 현상과 인식한 대상의 미학적 효과에 대해 연구하였다.

3) 실험심리학

빌헬름 분트

실험심리학의 틀 안에서 심리적 현상과 발생 조건에 대한 연구가 이루어졌다. 빌헬름 분트(Wilhelm Wundt, 1832~1920)는 1879년에 첫 번째 심리학 연구소를 설립하였다. 그가 중점적으로 다룬 분야는 정신물리학, 감각, 통각(痛覺), 다시 말해 관심, 반응, 감정 등이다. 특히 감정 연구를 위해 심리학적 수단들이 사용되었다. 빌헬름 분트의 동료인 파울 멘츠는 소리, 냄새, 맛, 그림이 심장 박동과 호흡에 미치는 영향에 대해 연구하였다.

같은 시기에 헤르만 에빙하우스(Hermann Ebbinghaus, 1850~1909)는 베를린에서 기억 능력에 대해 연구하였다. 자기 자신을 대상으로 한 연구에서 그는 아무런 의미도 없는 모음들을 외웠다. 그의 학습 능력과 관련해서 그는 두 개의 선을 기록할 수 있었다. 하나는 연습에 따라 점점 더 기억에 많이 남게 되는 학습선과 또 다른 하나는 학습을 한 기간에 따라 달라지는, 기억에서 사라지는 선이었다. 뷔르츠부르크에서는 오스발트 퀼페(Oswald Külpe, 1862~1915)가 사고에 대한 또 다른 연구를 하였다.

6. 20세기의 심리학

19세기 말에 심리학은 서서히 독립적인 학문으로서의 위치를 확보하게 되었다. 그리고 응용심리학에서 여러 가지 세부 분야가 생겨났다. 특히 산업, 군사, 정신치료 분야에서 더욱 그러했다. 20세기에는 심층심리학과 행동주의와 같은 분야만 심리학으로 여기는 이론 방향이 생겨났다.

1) 행동주의

1912년과 1913년에 윌리엄 맥두걸(William McDougall, 1871~1938)과 존 B. 왓슨(John Broadus Watson, 1878~1958)이 쓴 행동주의에 대한 첫 번째 책이 출간되었다. 그 책에서 심리학은 행동의 학문으로 정의되었다. 또한 행동을 자극에 대한 유기체의 반응으로 보았으며, 복잡한 행동을 단순한 자극반응의 단위들이 합쳐진 것으로 여겼다.

행동심리학은 주어진 자극을 통해 반응을 예측하거나 반응에 근거해 어떤 자극이 이러한 반응을 일으켰는지를 확증하는 것을 목표로 한다. 그 중심에는 습득한 행동의 발생, 성공, 실패, 보상, 처벌 등의 영향이 놓여 있다. 왓슨은 타고난 행동은 새로운 습관에 의해 임의적으로 대체될 수 있다고 보았다. "나에게 십여 명의 건강한 아이들과 그들을 키울 수 있는 특수한 세계를 달라. 그러면 내가 보장하건대, 그중 한 명을 무작위로 뽑아서 전문가로 키울 수 있다. 의사, 법조인, 예술가, 상인은 물론이고 심지어 거지나 도둑으로 키울 수도 있다. 그 아이의 재능, 경향, 의도, 능력, 집안 출신과는 전혀 무관하게." 이처럼 왓슨에게 감정세계의 발달과 인성은 습득의 결과로 간주되었던 것이다.

그 이후 행동주의의 발달과정에서는 이론적인 개념이 크게 증가하였다. 그로써 행동을 만들어주는 자극-반응의 연결 관계는 동기 등과 같은 또 다른 요소에 의해서 더욱 보충이 되었다. 새로운 방향의 대표적인 사람으로 클라크 헐(Clark Leonard Hull, 1884~1952)과 에드워드 톨먼(Edward Chace Tolman, 1886~1959) 등이 있다.

2) 심층심리학

지그문트 프로이트

심층심리학이 발전하면서 행동주의에 반대되는 방향들이 발전하게 되었다. 그 중심에는 의식과 무의식의 구분이 놓여 있다. 특히 무의식에 숨어 있는 생각, 기억, 감정을 중요하게 다루었다. 이러한 관점은 의식적인 경험과 행동이 무의식에 의해 영향을 받을 수 있으며, 그로써 무의식은 심리적 고통의 근원을 나타낸다는 것에서 출발한다. 이 분야에서 가장 유명한 사람은 심리분석을 창시한 지그문트 프로이트

(Sigmund Freud, 1856~1939)이다.

그의 치료 방법은 소위 카타르시스적 방법에서 유래한 것으로, 최면을 이용해 환자들을 병적 증상이 처음 등장했던 심리 상태로 되돌아가게 만드는 것이다. 그로써 기억, 사고, 충동 등이 무의식으로부터 표출되며, 그것을 새롭게 경험하고 설명함으로써 병적 증상을 재형성하게 되는 것이다. 프로이트는 특히 성적인 장애가 병을 유발한다는 인식에 도달하였다. 그 관점에 대해서는 많은 논쟁이 있었고, 그로써 새로운 심층심리학적 경향이 생겨나기도 하였다.

알프레트 아들러

알프레트 아들러(Alfred Adler, 1870~1937)는 노이로제 형성의 주요 원인을 권력과 인정에 대한 욕구로 보았으며, 사회적인 불안으로 이러한 욕구가 더욱 쉽게 생겨난다고 보았다.

카를 구스타프 융

분석심리학의 창립자인 카를 구스타프 융(Carl Gustav Jung, 1875~1961)은 무의식이라는 개념을 집단적인 무의식으로 확대하였고, 내향성과 외향성의 개념에 강한 영향을 미쳤다.

그 이후 심리분석의 발전 과정에서 주요 관심은—특히 미국에서—병의 발생에 있어서 심리사회적·환경이론적인 원인 분석에 놓이게 된

에리히 프롬

다. 여기에서 특히 중요한 사람으로 카렌 호나이(Karen Horney, 1885~1952)와 에리히 프롬(Erich Pinchas Fromm, 1900~1980)이 있다.

3) 나치시대의 심리학

네오나치가 권력을 쥐게 되면서 몇몇 존경받던 심리학 교수들이 독일에서 설 자리를 잃게 되었다. 그래서 성공한 심리학자들 중 많은 사람들이 외국으로 이민을 갔다. 나치들은 특히 유태인 심리학자와 좌파적 성향의 심리학자 그리고 섹스 연구와 같은 일반적이지 않은 심리학적 방향 등을 비판적으로 바라보았다.

그러나 이 무렵에 학문과 연구의 바깥 영역에서 심리학자라는 직업을 인정하게 되었다. 이러한 실용적인 영역이 국가적인 차원에서 정의되었고, 1941년 4월 1일에 심리학을 위한 석사학위 규정이 허용되었다. 또 교육, 산업, 의학, 진단학 등을 심리학의 적용 분야로 보았다. '심리학 석사'라는 타이틀은 법적으로 보호되었다.

일반적인 국방의 의무가 다시 도입되면서, 1935년에 군대심리학이 커다란 발전을 보이게 되었다. 여기에서 심리학자의 주요 과제는 군부대를 위해 생도들과 특수부대원의 적응력을 진단하는 것이었다. 그러나 1942년에 공군심리학과 군대심리학이 갑자기 사라지게 되었다. 심리학에 종사하던 사람들은 전쟁이 끝나고 나서 다시 공공기관에 채용되었다.

4) 전후시대

1950년대와 1960년대에 심리학 업무가 폭넓은 층의 국민들에게 적용되면서 크게 발전하게 되었다. 상담소, 학교 안의 심리학 센터, 심리치료 병원 등이 세워졌다. 독일은 전쟁으로 인해 국제적인 발전에서 제외되었기 때문에 새로운 아이디어, 수단과 이론 등의 통합 과정이 이루어졌다. 학습심리학, 사회심리학, 임상심리학 등이 독일에서 그 바탕을 마련하게 되었다.

7. 현대의 심리학 정의

지금까지의 역사적인 개요를 보면 심리학에 대한 통일된 상(像)은 존재하지 않는다. 심리학은 항상 지배적인 인간상과 철학적인 방향에 종속적이었고, 그로써 지속적인 변화를 보였다. 그러므로 심리학을 정신에 대한 학문이나 정신학의 개념으로 보는 이전의 정의는 적합하지가 않다. 오늘날에도 심리학에 대한 통일된 정의는 존재하지 않는다. 통일된 정의를 추구해본 사람이라면, 그러한 정의는 존재하지 않는다는 사실을 금방 깨닫게 될 것이다. 그 대신 여러 가지 다양한 정의를 발견하게 될 것이다.

심리학은 행동과 경험에 대한 학문이다. 그것은 인식, 사고, 욕구의 과정 그리고 지능과 같은 능력에 대해 다룬다. 또한 성격, 관심사, 가치관 그리고 생명체의 개인적 또는 집단 안에서의 행동에 대해서도 연구한다.

심리학은 경험적인 학문이다. 그렇기 때문에 자연과학, 인문학, 사회과학으로 분류할 수 있는 것이 아니다.

심리학은 현실을 설명하고 그에 대한 규칙과 법칙을 발견하기 위해 노력한다. 그러한 설명은 인간 행동을 예상하려는 시도와 밀접한 관련을 맺고 있다. 특정한 상관관계에 근거해서 개연성이 있는 방향을 예상하려는 것이다. 그것을 통해 그러한 행동을 더욱 강화시킬 수도 있고 또는 다른 방향으로 전환시킬 수도 있는 것이다.

심리학 연대표

BC 390년 플라톤이 영혼론을 발전시켰다.
BC 350년 아리스토텔레스가 『영혼에 관하여』라는 책을 썼다.
160년경 갈레누스가 기질과 체액의 관계에 대한 이론을 발전시켰다.
400년 아우구스티누스가 자전적인 관찰을 통해 그의 개인적 발전에 대해 설명하였다.
1250년 토마스 아퀴나스가 신체와 영혼의 문제에 대해 연구하였다.
1530년 필립 슈바르체르트가 처음으로 심리학이라는 개념을 사용하였다.
1630년 르네 데카르트가 인간의 영혼을 생각하는 실체로 보았다.
1720년 크리스티안 볼프가 그의 교재를 출판하였다.
1783년 첫 번째 심리학 잡지인 『Gnothi Sauton(그리스어 : 너 자신을 알라)』가 출간되었다.
1879년 빌헬름 분트가 라이프치히에 첫 번째 심리학 연구소를 설립하였다.
1885년 헤르만 에빙하우스가 기억 연구에 대한 방법을 개발하였다.
1895년 지그문트 프로이트가 그의 첫 번째 사례 연구를 발표하였다.
1900년 프로이트가 심리분석의 주요 특징들을 제시하였다.
1904년 실험심리학을 위한 협회가 설립되었다.
1911년 윌리엄 슈테른이 IQ에 대한 개념을 발전시켰다.
1913년 존 B. 왓슨이 행동주의의 수단적 원칙을 발전시켰다.

II
심리학의 분야

우리는 수많은 자극과 정보들에 노출되어 있다. 이러한 환경 안에서 잘 살아가기 위해서는 자극의 선택과 인식 그리고 그것의 처리가 중요하다. 인간의 행동은 여러 가지 구성요소에 그 바탕을 두고 있다. 그러한 구성요소에는 배움의 경험이나 문제 해결 전략으로 사용될 수 있는 저장된 지식의 종류, 동기, 감정 등이 해당된다. 한 사람의 행동을 예측하고 설명하기 위해서는 이런 요소들을 모두 고려해야 한다.

감각적인 인식의 중요성을
뇌 활동의 한 부분으로 묘사하고 있는 형상
(드레스덴 소재 휘기네 박물관)

1. 인지(認知)

인지란 보기, 듣기, 냄새 맡기, 맛보기, 만지기를 의미하며, 이는 환경 속에서 생존을 위해 매우 중요한 것이다. 감각기능 중 하나가 사라지게 되면, 변화된 조건에 적응하기 위해서 많은 시간이 필요하게 된다. 그러나 인간 인식의 대부분은 무의식 속에 있다. 우리는 매 순간 여러 가지 자극에 노출되어 있으며, 특정한 자극에 집중하게 된다. 그것은 환경을 단순화하고 쉽게 파악할 수 있게 하며, 명확하고, 체계적·지속적이며, 함축된 정보들이다. 그러나 마치 덤불 속에서 나뭇가지가 부러지는 소리가 날 때처럼 특이하거나 예상치 못한 자극들이 의식에 의해 갑자기 인식되기도 한다. 어떤 자극이 의식 속에 도달하게 되는지는 욕구, 흥

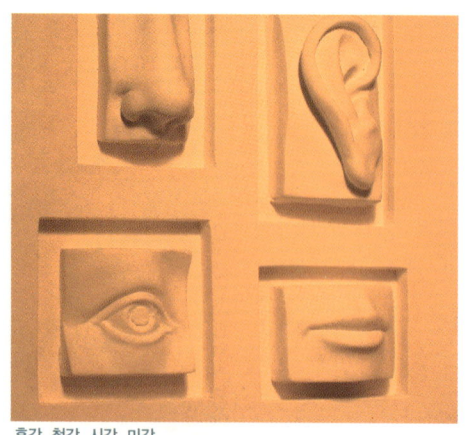
후각, 청각, 시각, 미각

미, 기분에 의해 좌우된다. 허기에 지친 여행객에게는 그 도시의 볼거리보다도 음식점들이 더 눈에 띌 것이다. 자극을 인지하는 것은 매우 중요하다. 자극이 거의 없는 환경에서는 사람이 생존하기가 어렵다. 1950년도에 한 연구에서, 학생들이 3일 동안 거의 아무 소리도 들리지 않고 아주 약한 조명만 있는 공간 안에 갇혀 지낸 적이 있다. 이들은 촉감에 의한 자극을 약하게 하기 위해 특수 장갑을 끼었고, 공간의 모습을 잘 보지 못하도록 우윳빛의 뿌연 안경을 쓰고 있었다. 그 실험자들은 곧 집중력을 잃기 시작하였고, 그 이후에는 망상을 경험하게 되었다. 실험이 끝나고 난 뒤에도 실험자들의 인식에는 변화가 생겼다. 공간은 일그러진 것처럼 보이고, 색깔들과 명암들은 이전보다 강렬하게 인식되었다. 이는 주변 환경의 자극들과 지속적으로 교류하는 것이 인간에게 얼마나 중요한지를 보여준다.

인간이 자신의 환경에서 무엇을 인지하는가는 감각기관의 구성 방식과 능력에 의해 좌우된다. 이들은 자극이 계속해서 전달되어야 할 것인지 아닌지를 결정하는 소위, 문지기와 같은 존재이다. 지각세포는—이는 수용체라고도 불리는데—특정한 종류의 에너지에 의해 자극을 받고, 그것은 자극의 형태로 신경삭을 거쳐 해당되는 뇌의 중심에 전달된다. 그러기 위해서 자극은 일정한 정도의 강도, 즉 신경세포가 활성화할 수 있는 최소한계치에 도달하여야 한다. 자극이 너무 약하면 전달이 이루어지지 않는다. 이것은 '전부(全部) 아니면 전무(全無)'라는 원칙으로 불리기도 한다. 인지는 언제나 개인적인 과정이다. 감각의 인상에 대한 해석은 자신이 이미 겪은 경험이나 기대에 의해 좌우된다. 그러므로 인지는 오류를 일으킬 수 있다. 즉 어떤 것들이 실제와는 다르게 인식될 수 있다는 뜻이다. 이런 경우를 사람들은 착각이라고 말한다.

아래의 그림은 뮐러리어(Müller-Lyer)의 착시현상을 보여주고 있다. 두 개의 선을 비교했을 때, 위에 있는 선이 아래에 있는 것보다 길게 느껴진다. 그러나 실제로 두 선의 길이는 같다.

뮐러리어의 착시현상

! 자극과 수용체

감각	자극	수용체
시각	광파	눈에 있는 망막의 관상체와 망막추체
청각	음파	귀에 있는 달팽이관의 유모세포
촉각	접촉	피부 속 신경어미
후각	냄새나는 물질	후각신경 상피에 있는 유모세포
미각	녹는 물질	혀의 미각

1) 심리물리학

이미 오래전부터 헬름홀츠, 베버, 페히너 등이 심리학에서 인지의 과정을 연구하였다. 특히 빛이나 소리와 같은 물리적인 자극의 질과 그러한 물리적인 자극이 불러일으킨 반응 사이의 관계를 연구하였다. 예를 들어, 피실험자들이 무게를 비교하는 실험을 통해 작은 무게 차이는 인식되지 않는다는 사실을 확인하였다. 무게 사이의 차이가 커질수록, 그 차이를 더욱 확실하게 인식할 수 있었다. 아주 작지만 인지가 가능한 자극의 차이를 최소한계라고 칭한다. 에른스트 베버(Ernst Heinrich Weber, 1795~1878)는 최초로 최소한계에 대한 체계적인 연구를 시행하였다.

? 알고 넘어가기

어두운 밤에 촛불은 50미터 밖에서도 볼 수가 있다.
시계의 재깍거리는 소리는 6미터 떨어진 곳에서도 들을 수 있다.
설탕 한 숟가락을 7.5리터의 물에 녹여도, 단맛을 느낄 수 있다.
벌의 날개가 1센티미터 높이에서 사람의 뺨 위로 떨어져도 사람은 그것을 느낄 수 있다.

2) 게슈탈트 심리학

'전체는 부분들을 모두 합친 것 이상이다.' 이 문장은 게슈탈트 심리학의 기본 사상을 나타낸다. 예를 들어 멜로디는 단음을 모아놓은 것 이상인 것이다. 멜로디에 결정적인 것은 음들의 순서, 배열, 관계, 게슈탈트(독일어로 형(形) 또는 형태(形態)를 의미하는 단어이다.—옮긴이)이다. 인간은 명확하고, 정돈되고, 의미가 내포된 정보를 추구한다. 이것을 게슈탈트 심리학의 영역에서 '명확성의 경향'이라고 부른다. 분명함, 구조성, 유사성, 규칙성, 단순성 등을 통해 좋은 형태가 만들어진다. 원형, 정사각형, 물방울 모양, 정육면체 등은 명확한 형태로 표시된다. 완벽하지 않은 정보들이 존재할 경우에는 완벽하게 될 수 있도록 보충하게 된다. 그래서 어떤 형태의 일부분만 존재할 경우에도 전체를 보려고 노력하게 되는 것이다. 아래에 나타나 있는 형태들을 관찰할 때, 두 형태가 모두 완전하게 그려져 있지 않지만 우리는 그것을 각각 원과 정사각형으로 본다.

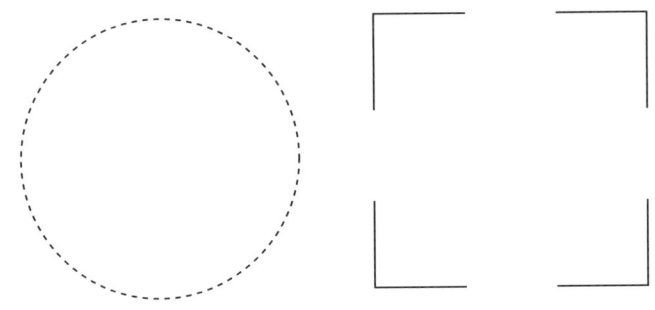

그와 마찬가지로 동일하지 않은 두 면적에 대해서도 같은 크기로 느끼게 된다. 따라서 밝은 회색에서 짙은 회색으로 전환하는 면적도 하나의 면적으로 여겨진다. 이러한 현상을 형태심리학에서는 '동화작용(assimilation)'이라고 부른다. 그러나 이러한 면적이 하나의 선으로 분리될 때, 대조가 나타나며, 그로써 밝기가 다른 두 개의 면적이 생겨난다. 이러한 대조를 통해 '형태-바탕현상'이 생겨나는 것이다. 즉 더 작고 밝으며 체계화된 자극은 형태로써 두드러지게 되며, 그것보다 더 크고 어두운 자극은 배경을 형성한다. 무엇을 인식하는 방법은 전체에 대한 관계, 즉 맥락에 의해 좌우된다. 자극이 서로 가까이 있을 경우, 이들은 동질하게 여겨지며 하나의 형태로 연결된다(인접의 법칙). 자극의 동질성은 유사성의 법칙에 따라 색깔, 모양, 높이, 강도에 의해서도 좌우된다. 자극의 이유가 완벽하지 않더라도 완벽한 것으로 인식되기도 한다.

다음의 그림을 보면 비스듬하게 그려진 선 위를 띠가 덮고 있다는 인상을 받게 된다. 소수의 사람만이 그것이 짧고 비스듬한 각각 다른 두 개의 선이라고 생각할 것이다.

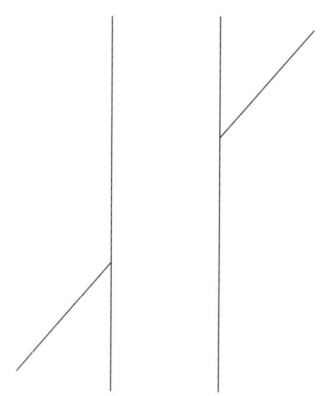

3) 인지의 지속성

플립북이나 영화를 볼 때처럼 우리는 인식할 때도 그 내용을 계속해서 유지하려고 한다. 즉 개별의 영상으로 인식하는 것이 아니라 행동의 흐름으로 인식하는 것이다.

일상에서도 우리의 인식은 변형작용을 하게 된다. 그렇기 때문에 우리는 거리가 점점 멀어지거나 가까워짐으로써 어떤 사람의 모습이 우리 눈의 망막에는 좀 더 작거나 크게 보이는데도 그를 비교적 동일한 크기로 보게 되는 것이다.

이를 크기의 지속성이라고 하는데, 이러한 현상으로 인해 우리는 환경 속에서도 잘 살아갈 수 있는 것이다. 이러한 지속성은 대상의 형태나 색깔에도 적용된다.

❓ 알고 넘어가기

인지와 시각적인 착각에 있어서, 문화마다 차이가 있다는 사실을 여러 가지 관찰을 통해서 확인할 수 있다. 유럽인, 미국인 그리고 아프리카 출신의 사람에게 착시현상을 일으키는 그림, 특히 p.37에서 보았던 뮐러리어의 두 도형을 제시하여 보여주었다. 이때 유럽인과 미국인은 대체로 두 개의 선을 서로 다른 길이로 보는 경향을 보였다. 그러나 아프리카인은 두 개의 선을 똑같은 길이로 보았다. 유럽인이나 미국인은 도로와 건물 등으로 인해 각도와 직선의 영향을 강하게 받는 반면 아프리카인은 환경에서 그 영향을 적게 받기 때문이다. 아프리카인은 유럽인이나 미국인처럼 선에 대해 익숙하지 않기 때문에 두 개의 선들을 좀 더 정확히 인식할 수 있는 듯하다.

2. 동기

동기심리학은 어떤 행위가 왜 시작되며 유지되는가 하는 물음에 대해 다룬다. 개인적인 요소들과 상황의 특수성도 여기에서 중요한 역할을 한다. 동기는 목표를 향한 행동을 실행하게 하는 내적인 조건이다. 행동이 이루어지게 하기 위해서는 어느 정도의 활성화가 필요하다. 이 활성화의 정도는 행동을 지속하게 하는 끈기를 통해 확인할 수 있다.

예를 들어 음식점들이 문을 닫았다면, 배고픈 사람은 음식을 얻기 위해서 장을 보러 갈 것인지, 친구에게 갈 것인지 여러 가지 궁리를 하게 될 것이다. 동기는 우리의 행동 방향, 즉 목표를 부여해준다. 이전에는 동기가 본능이론에 의해 설명되었다. 특정한 자극에 의해 종합적이고 고정된 행동, 즉 '동기를 부여받은 행동'이 나타난다고 보았다. 하지만 이러한 이론에는 구체성이 너무 부족하다. 예를 들어 공격본능이 존재한다면, 왜 사람들이 지속적으로 공격성을 보이지 않는 것인지에 대한 의문이 생기는 것이다.

그로부터 발전한 이론이 충동이론이다. 충동은 생물학적인 욕구에서 생겨난다. 혈액 속에 포도당의 수치가 낮아지면 배고픔을 느끼게 된다. 그러면 위를 달래고 내면에서 발생한 긴장을 없애기 위해서 먹을 것을 찾고 영양섭취를 하게 된다. 그러나 여기에서 외부 자극의 역할이 과소평가되었다. 음식물에 따라 그것이 사람들에게 미치는 유혹의 정도도

스카이 다이빙

다르다. 초콜릿, 케이크, 쿠키처럼 어떤 음식들은 허기진 느낌이 없어도 먹을 만큼 매력적인 것이다.

여기에 자극이론이 추가로 도입된다. 이 이론에 따르면, 돈이나 사회적인 인정 등의 목표가 상당한 매력을 지닌다. 그러나 이 이론으로도 설명할 수 없는 것들이 있다. 사람들이 번지 점프나 스카이 다이빙처럼 내부의 긴장 상태를 더욱 심화시키는 운동을 왜 하는 것인지에 대한 의문이 바로 그것이다.

이론마다 각자의 부족한 점을 가지고 있기 때문에, 심리학자들은 특정한 행동방식에 따라 특별한 이론을 발전시키게 되었다. 특히 최근 이론에서는 학습경험과 개인적인 동기 구조의 해석이 행동에 영향을 미친다고 본다.

1) 먹기

음식 섭취는 신체의 중요한 기능을 유지하기 위해 필수적이다. 그러나 식습관과 음식의 선택은 단순히 생물학적인 요소에 의해서만 결정되는 것이 아니다. 언제 식사를 하는가 하는 문제는 대체로 문화에 의해 결정된다. 우리는 배고파서가 아니라 외롭거나 슬프거나 지루할 때에도 음식을 먹는다. 취향, 여럿이 함께하는 식사, 제공되는 음식의 다양성 등도 음식 섭취에 영향을 미친다.

우리가 태어나 자란 문화가 음식을 결정하는데 결정적인 역할을 한다. 어떤 문화에서는 벌레를 먹는 것이 평범한 일이지만, 또 다른 문화에서는 거부감을 일으킨다. 음식의 선택은 발전사에 의해서도 제한을 받는다. 예를 들면 사람들은 쓴맛이 나는 음식보다는 달고 짠 음식을 선

브런치 타임

호한다. 쓴맛이 나는 음식은 대체로 독을 가지고 있기 때문이다.

여러 가지 요소들은 음식을 먹는 것에만 영향을 미치는 게 아니다. 음식을 먹지 않는 것에도 여러 원인이 있을 수 있다. 예를 들어 배고픈 느낌이 없다면 특정한 시기 동안 아무것도 먹지 않을 수 있다. 또 다른 한편으로는 현재의 미적 기준이 먹는 행위에 영향을 미칠 수 있다. 서구사회에선 마른 몸매가 미의 기준이 되고 있다. 그래서 특히 여자들은 이러한 이상 기준에 조금이라도 더 가까이 근접하기 위해 다양한 다이어트를 시도한다.

2) 공격성

공격성이란 위협, 상해, 심지어 살인 등 가해를 가져오는 공격적인 행동을 의미한다.

공격에는 수단적인 공격과 악의적인 공격이 있다. 공격적인 행동에 있어서 가해가 목표를 위해 따르는 불가피한 결과라면, 그것은 수단적인 공격이라고 할 수 있다. 예를 들어 전문적인 권투선수들이 이러한 형태의 공격을 실행한다. 그들의 목표는 상대방을 이기는 것이다. 그러한 목표를 향해 가는 도중 상대방이 다치거나 KO를 당할 수도 있다.

링 위의 복싱 선수들

그러나 공격적인 행동에 있어서 의도적인 가해가 가장 중요한 목표라면, 그것은 악의적인 공격이라고 할 수 있다. 만약 어떤 학생이 다른 사람에 의해 모욕감을 느껴 그를 때렸다면, 그것은 악의적인 공격인 것이다. 그러나 어떤 청소년 단체에 가입하기 위한 담력 시험 때문에 상대방과 치고받고 싸웠다면, 그것은 수단적인 공격이 되는 것이다.

공격적인 행동에는 여러 가지 원인이 있을 수 있다. 그것을 생물학적인 변형으로 볼 수도 있다. 예전에는 공격적으로 행동하고 적들을 쫓아내는 것이 살아남는데 도움이 되었다. 생존을 위해서는 공격성 외에도 자기 자신을 보호하기 위한 도망행동도 도움이 되었다. 그러나 생물학적인 설명만으로는 공격적인 행동을 충분히 설명할 수 없다. 여러 다양한 문화를 관찰해보면, 공격적인 행동에서 차이점을 발견할 수 있다. 논쟁을 해결하기 위해서 얼마나 빨리 공격적 행동으로 옮기게 될 것인지를 결정하는데 그 문화의 가치가 작용하는 듯하다.

유트 이누이트 문화의 에스키모들은 공격성을 사회성 부족의 표현으로 여긴다. 말레이시아의 우림에 사는 민족 중 하나인 치웅인의 언어에는 공격, 싸움, 전쟁에 해당하는 단어가 존재하지 않는다. 공격을 거부하는 문화의 민족들은 개개인 간의 경쟁을 거부하고 그 대신 팀워크를 활성화한다.

공격성이라는 테마에서는 남성과 여성의 차이도 다룬다. 신체적인 폭력은 주로 남성에 의해서 수행되는데, 이는 특히 3세에서 6세 사이의 어린이에게서 발견할 수 있다. 그 이후 성장하면서 이러한 차이는 줄어든다. 그 다음 15세와 18세 사이의 청소년들에게서 언어적인 폭력과 간접적인 폭력이 나타난다. 보편적으로 남자들이 여자들보다 공격적이라는 가설을 주장할 수는 없다. 여자들도 이 시기에 공격적인 행동을 많이 드러내 보이기 때문이다. 그러나 남자들보다 여자들이 사회관계를 더 중요시하기 때문에, 여자들은 사회적인 차원에서 공격을 행사한다. 예를 들어 관계를 끊거나 소문을 퍼뜨리는 것이다.

> **! 문화가 여성에게 미치는 영향**
>
> 베네수엘라에 있는 마가리타 섬에서는 성인들이 소녀들에게 가하는 신체적인 폭력도 여성적인 행동의 구성요소 중 하나라고 가르친다. 그러므로 여성적인 공격성은 사회적으로 바람직한 행위로 본다. 이 지역에서는 신체적인 폭력행사에 관한 문제에서 성별에 따른 차이를 발견할 수 없다.

3) 좌절-공격성 가설

우리는 내적인 또는 외적인 이유로 원하던 목표를 이루지 못했을 때 좌절의 기분을 느끼게 된다. 예를 들어 운전면허 시험에서 떨어졌을 때

좌절감을 느낄 수도 있다. 좌절감이 반드시 공격적인 행위로 발전하게 되는가 하는 문제에 대해 오랫동안 논쟁해왔다.

레오나르드 베르코비츠(1926년 출생)에 따르면, 좌절감은 공격성을 가져올 수 있다고 한다. 그것은 좌절감이 분노나 내적인 흥분을 일으켜야 한다는 것을 전제로 한다. 이러한 부정적인 기분은 아프거나 몹시 더울 때, 또는 자기가치 의식이 모욕당했을 때에도 나타날 수 있다.

자극전이 이론에 따르면, 이전 상황에서 자극이 과도하게 넘칠 경우 그리고 그 넘친 부분이 현재 상태와 관련이 있다고 생각하게 될 경우 현재의 상황에서 공격적인 행동을 보일 가능성이 높아진다고 한다.

어떤 축구팬이 자기 팀의 패배를 보고 집으로 돌아오는 도중에 기차에서 다른 승객이랑 부딪쳤을 때, 그가 공격적인 행동을 보일 가능성은 매우 큰 것이다.

공격성이 발생하는데 자기가치 의식이 어느 정도 영향을 미치는지에 대한 연구는 많다. 많은 연구가들은 매우 높은 자아상을 가진 사람들, 소위 '나르시시스트'들이 대체로 쉽게 공격성을 보이는 경향이 있다는 결론에 도달하였다. 그들을 도발하는 것은 그들의 자아상에 대한 위협을 의미하는 것이다. 그러므로 그들은 공격을 통해 자신을 도발하는 상대를 벌하고 또 다른 모욕을 피하려고 한다.

익명성도 공격적인 행동방식의 실행을 수월하게 만든다. 이런 이유 때문에 사형집행인들의 얼굴을 복면으로 가렸던 것이다. 그와 마찬가지로 과학적인 실험에서도 복면을 쓴 피실험자들이 더욱 쉽게 공격적인 행동을 보인다는 사실을 확인할 수 있었다.

4) 성취동기

성취에 대한 욕구가 어느 정도 강한지는 사람에 따라 모두 다르게 나타난다. 또한 한 사람 안에서도 차이를 보이는데, 즉 모든 분야에서 일을 다 잘하려는 욕구를 가지는 것은 아니다. 높은 목표를 달성하기 위해 노력할지 안 할지 하는 문제는 여러 가지 요소들에 의해 좌우된다. 그러한 요소에는 상황에 대한 기대, 자신의 능력에 대한 평가 등이 포함된다. 또한 그러한 행동을 하고 난 뒤의 결과에 대해 어떤 가치평가를 하는지도 그것을 결정하는데 중요한 역할을 한다.

시험을 치러야 하는 학생을 예로 들어보자. 그가 시험을 위해 얼마나 많이 공부했는지는 자신의 능력으로 어느 정도 공부할 수 있다고 평가하는지, 그에게 시험 결과가 어떤 가치가 있는지 등에 달렸다. 만약 시

배움의 즐거움

험 결과에 따라 한 학년이 유급된다면, 좋은 점수는 그에게 높은 가치를 지니게 된다. 그러므로 시험을 위해 열심히 공부해야 한다는 동기를 많이 부여하는 것이다. 그러나 여기에는 다른 친구들과 비교해서 더 나은 성적을 받고자 하는 욕구도 작용한다.

특히 자기효능감(자신의 능력과 효율성에 대한 믿음을 의미한다. 즉 앞으로 일어날 상황을 수행하기 위한 능력이 자신에게 있다고 믿는 신념을 말한다.—옮긴이)에 대한 기대는 학습동기를 부여하는 데 매우 결정적인 역할을 한다. 공부를 하도록 동기를 부여받게 되는지 아닌지는 학습자료를 이해하고 습득할 수 있는 능력을 자신이 가지고 있다고 믿는지 아니면 시험에서 좋은 결과를 얻는 것은 단지 시험의 난이도에 의해 좌우될 뿐이라고 생각하는지에 따라 결정된다. 이것을 내재적(내적) 통제 위치의 요소와 외재적(외적) 통제 위치의 요소라고 한다. 물론 그로부터 변형된 요소들도 있다.

내재적인 요소는 노력, 즉 충분히 노력하면 좋은 성과를 달성할 수 있다는 확신이 어느 정도인지를 의미한다. 시험 결과를 단지 운이나 우연의 문제라고 생각한다면, 그것은 외재적으로 변형된 요소인 것이다. 자기효능감에서는 학생이 자기 자신을 얼마나 성공적이라고 평가하느냐가 중요하다. 이때 그가 실제로 얼마나 뛰어난지는 별개의 문제다. 높은 자기효능감을 가지고 있다면, 더 노력하게 되며 강한 인내심을 가지고 공부를 하게 된다. 그리고 대체로 성공적인 결과를 가져온다. 그러나 자기효능감을 가지고 있지 않다면, 노력하지 않게 되며 결국 실패할 가능성이 커진다.

동기화된 행동에서 의지는 매우 커다란 의미를 지닌다. 동기화의 단계에서 우리는 자신이 정말 원하는 것이 무엇인지를 진지하게 고려하게 된다. 우리는 여러 가지 가능성들과 결과를 모두 고려해본 다음에 결정을 내린다. 그 다음 이러한 의도를 행동으로 실천하기 위해서 계획을 세운다. 계획을 실행할 때에는 관심이 매우 선택적이 된다. 즉 집중을 흐트러뜨릴 수 있는 것들은 관심에서 모두 사라진다는 뜻이다. 공부를 해야만 하는 학생은 집에 텔레비전이나 전화기 등 집중에 방해가 되는 것들이 많이 있기 때문에 도서관에 간다. 그로 인해 동기는 상승하거나 유지되며, 부정적인 감정도 사라지게 된다.

5) 욕구의 단계

에이브러햄 매슬로(Abraham H. Maslow, 1908~1970)는 단계적인 동기발단 이론을 개발하였다. 그 이론에 따르면 전 단계에 있는 욕구들이 충족될 경우에만, 그보다 더 높은 단계에 있는 욕구가 활성화된다는 것이다. 하위 단계에는 배고픔, 목마름, 잠, 섹스 같은 기본적인 욕구들이 존재한다. 아픔과 두려움으로부터의 보호를 의미하는 안전에 대한 욕구, 질서와 편안함에 대한 욕구도 이 단계에 속한다.

그 다음 단계에 해당하는 욕구는 사회적인 소속, 사랑, 사회관계, 안락함이다. 그 다음 단계에는 자존감에 대한 욕구와 같은 더 높은 욕구가 있다. 즉 성과, 영향력, 타인으로부터의 인정, 자아성취 형태의 자아실현, 이해 등에 대한 욕구이다.

그러나 이 이론도 많은 비판을 받았다. 높은 단계의 욕구를 활성화시키기 위해 반드시 하위 단계의 욕구가 충족되어야 하는 것은 아니라는 주장이 있다. 예를 들어 사회적인 소속에 대한 욕구는 가지고 있지 않으

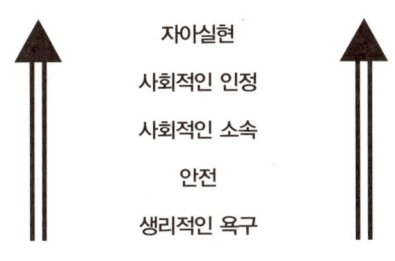

매슬로의 욕구 단계

면서 존중을 향한 욕구는 강한 사람들도 있는 것이다.

3. 감정

감정은 인간의 생존을 위해 매우 중요한 것이다. 이것은 진화 과정에 의한 결과물이다. 감정이 없었다면 사람의 인생과 경험은 많이 달라졌을 것이다. 그랬다면 위험한 상황을 아무런 두려움 없이 맞이하고 그러던 중에 어쩌면 목숨을 잃을 수도 있다. 또한 기쁨과 사랑이 없는 삶은 단조롭고 무미건조하다. 감정이 없다면 사람들은 슬픔을 느끼지도 못했을 것이다. 그러므로 감정을 인식하고 그것을 해석하는 것은 인간을 살아남을 수 있게 하는데 장점으로 작용한다.

감정심리학은 여러 가지 개념들을 구별하고 있다. 감정이란 개념은 생리적인 흥분의 변화, 기분변화, 인식의 변화, 행동의 변화 등의 복잡

이런 상황에 대해 많은 사람들이 두려움을 갖는다

한 패턴을 의미한다. 감정은 개인적으로 중요한 상황에 대한 반응으로 발생하는 것이다. 감정은 강렬하게 나타나며, 오래 지속되지는 않는다. 반면 느낌은 어떤 일에 대한 평가에서 발생한다. 그것은 감정적일 수도 있고 감정적이지 않을 수도 있다(예를 들어 피곤함 등). 기분은 오랫동안 지속되는 상태를 표현하는데, 그 정도가 강렬하지 않으며 특수한 사건에 대한 반응도 아니다.

감정은 보통 '편하다' 또는 '불편하다' 란 단어로 묘사될 수 있다. 감정은 동기를 부여해줄 수 있고, 행동을 유도하거나 중단시킬 수 있다. 여러 연구 결과에 따르면, 감정은 타고나기도 하고 습득되기도 한다. 어떤 나라에서건 아기들이 1개월에서 2개월 정도 되면 웃기 시작하고, 8개월 정도가 되면 낯선 사람들에 대해 강한 두려움을 표현한다. 이는 유전학적인 변화와 성장에 의해 결정된 뇌의 신경삭에서 기인하는 것이다. 물론 습득되는 것처럼 보이는 감정도 있다.

예를 들어 많은 사람들 앞에서 말하는 것에 대해 두려움을 갖는 성인들이 많다. 이러한 두려움은 어린이들에게서는 보이지 않는다. 그러므로 성인들은 그런 상황에서 다른 사람들로부터 긍정적이거나 부정적인 결과에 대한 평가를 받게 된다는 사실을 살아오면서 습득했다는 것을 알 수 있다. 또한 목소리의 특징, 자세, 행동, 표정으로 감정을 인식하기도 한다.

1) 표정

표정으로 느낌을 표현하는 것은 사회적인 기능을 지닌다. 느낌은 상대방이 있을 경우와 그와 시선교류를 할 수 있을 경우에만 표정을 통해 전달된다. 집에서 혼자 행복하게 지낸다 하더라도, 누군가가 찾아오지 않는다면 미소를 짓기 힘들다. 그러므로 우리는 표정을 통해 다른 사람들에게 자신의 내적인 상태를 전달하는 것이다.

표정에서도 그것이 유전학적으로 작용하는지 아니면 학습 과정의 결과인지 하는 의문이 제기되었다. 영아를 상대로 한 연구를 통해서 9주 된 아기들도 이미 기쁨, 흥미, 슬픔, 화남과 같은 감정을 표정으로 나타낼 수 있다는 사실을 밝혀냈다. 또한 장님으로 태어난 아기들도 표정을 통해 분노와 기쁨을 표현한다. 두려움, 거부감, 기쁨, 슬픔, 놀람, 분노, 경멸 등과 같은 감정은 모든 문화에서 쉽고 분명하게 파악되며, 똑같은 표정으로 표현된다.

표정은 학습의 경험이 토대가 되는 것처럼 보인다. 장님으로 태어난

놀라는 표정

어린아이들의 표정은 장님이 아닌 어린아이들보다 훨씬 제한적이다. 또한 나라마다 사람들의 표정에서 차이가 나타난다. 중국, 일본, 미국의 11개월 된 영아들을 비교해 보았을 때, 중국의 영아들이 기쁨과 화를 표현하는데 소극적이라는 사실을 알 수 있다. 그와 마찬가지로 문화적인 영향으로 남녀 간에도 차이를 보인다. 서구 문화권에 속하는 남자들은 여자들보다 슬픔이나 두려움 같은 감정을 소극적으로 표현한다.

2) 태도

전 세계적으로 쉽게 이해되는 신체 표현 방식들이 있다. 느린 걸음, 상체를 앞으로 숙인 자세, 머리를 떨어뜨리고 있는 모습은 어느 곳에서

나 슬픔으로 해석된다. 무안할 때 시선을 피하고 부끄러운 듯 웃는 것 또한 모든 문화를 통틀어 동일하게 인식된다. 신체적인 신호는 사람들 사이의 애정 정도에 대한 정보도 제공해준다. 가까이 서 있을수록 그 사람들이 서로에게 가지는 느낌은 더욱 긍정적인 것이다. 눈을 마주치고 얼마나 오래 있는가 하는 것도 그들의 애정 정도에 대한 정보를 제공한다. 서로에 대한 호감이 강할수록 눈을 마주치고 있는 시간은 길어진다.

> **! 감정과 건강**
>
> 수녀들의 자서전을 분석하면서, 긍정적인 감정과 예상 수명은 매우 밀접한 관계가 있다는 사실을 알 수 있었다. 긍정적인 감정을 가장 많이, 그리고 가장 강렬하게 묘사한 수녀들은 그렇지 않은 다른 수녀들보다 길게는 10년 정도 더 살았다. 긍정적인 인생관을 통해 스트레스를 최소화하고 심장의 혈액순환기에 부담을 적게 주었다는 사실을 추정해볼 수 있다. 그러므로 긍정적인 느낌으로 생활하는 것은 건강에 좋은 영향을 미친다고 볼 수 있다.

4. 기억

사람에게 기억력이 없었다면 일상생활에 엄청난 제약을 받았을 것이다. 정보는 저장되지 않고, 시간적인 방향성 즉 과거, 현재, 미래 등의 순서가 더 이상 존재하지 않았을 것이다. 그렇다면 사람들은 이 세계에서 제대로 살아가지 못했을 것이다. 인력과 같은 자동적인 운동현상이 작용할 수 없을 것이고, 사람들은 자기 자신에 대해, 그리고 자신의 인생사와 인성에 대해서도 모르게 될 것이다. 후손들에게 생존을 위해 중요한 정보들을 전달해줄 수도 없기 때문에 인간종족은 빨리 멸종하게 될 것이다. 끊임없이 새로운 것을 습득하는 과정 속에서 뇌는 지속적인 변화를 겪게 된다. 그렇게 우리는 최대한 환경에 적응해야 하고, 그래야 생존을 보장받을 수 있는 것이다.

1) 기억력은 어떻게 작용하나

지각의 목록, 즉 초단기 기억을 통해 주변 세계로부터 감각적인 인상들을 받아들이고 아주 짧은 순간 머물게 된다. 감각의 인상들 중 하나에 관심이 집중되면, 이러한 정보는 단기기억에 도달하게 된다. 감각의 인상들 중 아주 적은 부분만 단기기억에 도달하기 때문에, 정보도 지각의 목록에서 중요한 역할을 한다. 단기기억의 저장용량은 7±2개이며, 이것을 청크(chunk)라고 하는데 수동적인 저장 외에 능동적인 처리도 이루어진다. 이러한 능동적인 처리 부분을 작업 기억(워킹 메모리)이라고 한다. 여기에서 정보들은 여러 종류와 방법으로 동시에 처리된다. 어떤 정보—예를 들어 어떤 전화번호—가 자주 반복되었다면, 이 정보는 단기기억에 오래 머무르게 된다.

어떤 정보가 장기기억으로 받아들여질지 아닐지는, 그 자극의 강도에 달려 있다. 자극이 강렬할수록 장기기억이 받아들일 가능성은 크다. 자극을 받아들이는 경로의 종류도 중요하다. 시각적인 정보는 청각적인 정보보다 더 잘 받아들인다. 또한 반복의 종류와 양, 기분(지루해하거나 아니면 호기심을 느끼거나), 기억을 저장할 사람의 신체적인 상태, 저장 능력 등이 중요한 역할을 한다. 새로운 지식은 기존에 가지고 있던 지식과 잘 결합될 때 오랫동안 저장된다. 기억에는 여러 가지 종류가 있다.

한편으로는 자서전적 기억이란 것이 있는데, 일화적 기억이라고도 한다. 이러한 기억은 지식을 평생에 걸쳐 보존하고 우리의 삶에 시간적인 구조를 제공한다. 또 다른 한편으로는 사실, 추상적인 개념, 규칙 등에 대한 지식을 포함하는 의미적 기억이 있다. 이는 또다시 선언적인 부분과 절차적인 부분으로 나뉜다. 선언적인 기억에는 언어적인 것과 그림적인 것이 있다. 반면 절차적인 기억에는 자전거 타기나 구두끈 매기 등과 같은 행동이 저장되어 있다.

기억의 성능은 여러 요소에 의해 좌우된다. 기분, 느낌, 신체적인 반응 등이 기억의 성능에 영향을 미친다. 친인척의 죽음이나 학교에서의 과도한 부담 등과 같은 결정적인 경험도 정보를 저장하는 데에 문제를 가져올 수 있다. 또한 기억에 저장된 지식을 잘 꺼내오기 위해서는 지식이 반드시 잘 정돈되어야 한다. 저장된 지식은 오랜 시간이 지나면서 변하거나 사라지기도 한다. 기억이 오랜 시간이 지나면서 변한다는 사실은 증인의 진술에서도 찾아볼 수 있다. 증인이 직접 경험하지 않은 것들이 부분적인 진술을 통해 실제 사실과 경험처럼 만들어지기도 한다. 다른 사람의 설명이나 암시적인 질문을 통해서도 새로운 정보가 이미 저장되어 있던 지식과 합쳐지고, 그것을 마치 자기 자신의 경험인 것처럼 평가하게 된다.

절차적인 기억 덕분에 자전거를 탈 수 있다

2) 왜 잊어버리게 되나

정보들을 잊어버리게 되는 것에는 여러 가지 원인이 있을 수 있다. 이전에 또는 이후에 습득한 기억 내용들이 서로 방해를 할 수 있기 때문이다. 특히 학습할 내용이 비슷할 경우, 그러한 방해 작용은 더욱 강해진다. 예를 들어 먼저 영어 문법을 배우고 나서 프랑스어 문법을 배우면 두 가지 학습한 내용들이 합쳐져 서로 부정적인 효과를 가져올 수 있다. 그러나 이러한 학습 내용을 잘 정돈한다면, 잊어버리는 것을 막을 수 있다. 또한 부족한 집중력도 정보를 잊어버리게 한다.

익히 잘 알려진 현상으로, 집 열쇠를 찾는 경우를 들 수 있다. 무의식 중에 열쇠를 어딘가에 놓고 나서, 어디에 두었는지 더 이상 기억하지 못하는 경우이다. 잊어버리게 되는 또 다른 이유는 기억하고 있는 내용을 다시 불러오기에는 자극이 부족하기 때문일 수 있다.

예를 들어 어떤 학생이 시험공부를 할 때 시험을 위해 공부해야 할 자료들과 함께 외적인 환경이나 내면의 상태처럼 실재하는 자극도 습득하게 된다. 시험을 치를 때 공부할 때와 같은 자극이 존재하면, 즉 같은 공간이나 같은 분위기 등이 존재하면, 학생은 자신이 배운 내용을 더욱 잘 기억할 수 있다.

3) 학습을 위해 필요한 것

학습은 긴장되고, 조용하고, 친근한 분위기에서 가장 잘 이루어진다. 가장 이상적인 것은 각자 자신의 학습태도를 아는 것이다. 자신이 시각적인 학습자인지, 아니면 귀로 듣는 정보를 더욱 잘 습득하는지, 아침에 공부가 잘되는지, 아니면 오후에 잘되는지 알고, 학습할 내용을 집중적이고 능동적으로, 힘들여 배울수록 기억에 더 잘 남게 된다. 또한 정보를 더 많은 경로로, 즉 읽기, 쓰기, 암송하기, 질문에 대답하기 등과 같

일정 메모

이 여러 가지 방법으로 습득하는 것도 중요하다. 습득한 내용을 기존에 존재하는 지식과 결합시킨다면 더욱 오랫동안 기억에 남게 된다. 이를 위해서는 그것을 잘 정리하기에 앞서 우선 잘 이해하는 것이 중요하다. 학습 내용의 의미도 중요한 역할을 한다. 예를 들어 휴가 날짜를 기억하는 것은 전혀 어려운 일이 아니나 치과 예약일은 잊어버리기가 쉽다. 마지막으로 습득한 정보를 오랫동안 유지하기 위해서는 피로를 회복시켜 줄 수 있게 잠을 충분히 자는 것도 중요하다.

5. 생각과 문제 해결

생각이란 개념은 여러 가지 의미로 설명할 수 있다. 우선 이것은 '현재화'의 한 형태를 의미한다. 그런 의미에서 지나간 과거나 앞으로 닥칠 미래의 일이 머릿속에서 현재로 나타나게 되는 것이다. 예를 들어 '나는 지난번 시험을 보았을 때 경험했던 충격이 아직까지 생각난다.' 라고 말하는 것이다.

다른 한편으로, 생각은 사태에 대한 견해로 이해될 수도 있다. 견해에 따라서 정보들은 다양하게 받아들여지고 해석된다. 이에 대한 예로는 두 개의 그림을 하나에 담고 있는 기하학적인 그림들(그러한 그림을 그린 대표적인 화가로는 네덜란드의 M. C. 에서가 있다.—옮긴이)을 들 수 있다. 그런 그림에서 관찰자는 우선 하나의 그림만 인식하며, 대체로 또 다른 그림이 있다는 사실을 알려주고 나서야 두 번째 그림을 찾아낸다. 이러한 개념적 생각은 의견이나 관점이라는 의미로도 사용된다.

생각은 여러 가지로 구분될 수 있다. 무계획적이고 내적인 상관관계에 대한 통찰 없이 실행되는 실험적인 생각이 있다. 예를 들어 사용설명서를 읽지 않고 새로운 기계를 작동하기 위해 바로 시험해보는 것이 그러하다. 규칙적인 생각도 위의 경우와 마찬가지로 통찰 없이 실행되지만, 특정한 체계와 규칙에 의해 강한 영향을 받는다. 예를 들어 분수를 나누는 것은 규칙적인 생각에 의한 결과이다. 그 규칙은 누구나 알고 있지만—이 경우엔 역수를 곱하는 것—왜 그렇게 하는지는 아무도 설명하지 못한다.

세 번째 형태로 통찰적인 생각이 있다. 이것은 내적인 상관관계와 문제구조의 구성으로 이해되며, 문제의 조건을 바꿈으로써 문제를 해결할 수 있다. 이러한 생각은 특히 영상적인 상상에 의해 큰 영향을 받는다.

또한 듣기, 맛보기, 만지기 등과 같이 다른 감각 영역에서 만들어지는 상상도 여기에 속한다. 생각을 위해서는 사건, 대상, 사실이 잘 정돈되어 있는 것이 중요하다. 이러한 정돈은 개념 형성을 통해 이루어진다. 어떤 개념은 대상, 사건, 상황 등으로 분류될 수 있는 일종의 범주에 속한다. 가구 같은 단순한 개념이나 정의 같은 추상적인 개념도 있다. 개념은 다양한 정보를 묶음으로 구분하기 위한 보조 수단이다.

그 외에도 쉽게 관찰되지 않으며 지식창고에서 끄집어내야 하는 또 다른 정보를 더욱 쉽게 도출할 수 있게 한다. 전형적인 예로 원형을 들 수 있다. 원형은 범주를 대표하는 것이다. 어떤 대상이 이러한 전형적인 예에 가까울수록, 그것은 그 범주에 더욱 쉽게 포함된다. 예를 들면 깃털이 나 있고 날 수 있는 모든 생물체는 새라는 범주로 분류될 수 있다. 그러므로 참새나 지빠귀는 펭귄보다 훨씬 더 쉽게 그 범

킹펭귄

지빠귀

Ⅱ. 심리학의 분야

고양이

주에 포함된다. 왜냐하면 펭귄은 비교적 원형에서 벗어나 있기 때문이다.

1) 추론적인 생각

사람은 자신이 정확히 잘 모르는 상황에 놓여 있으면 생각을 통해서 추론하려고 노력한다. 이것은 두 가지 방법으로 이루어질 수 있다. 연역적인 생각에서는 보편적인 경우로부터 하나의 특별한 경우에 대한 결론을 이끌어낸다. 예를 들어 모든 고양이들은 그르렁거리는 소리를 낸다. 토비는 고양이다. 그러므로 토비도 그르렁거릴 수 있다. 귀납적인 생각에서는 특별한 경우로부터 보편적인 경우에 대한 결론을 이끌어낸다. 이러한 전략은 일상생활에서 흔히 볼 수 있다. 판단을 내리기에 자신의 관찰과 경험이 충분한지 아닌지는 각자 결정한다. 주먹구구식으로 판단을 내리고 그것을 일상생활에 적용하게 되는데, 이런 판단은 잘못된 것일 수 있다. 소수의 사람을 만나고 나서 받은 인상으로 사람들에 대한 보편적인 판단을 내리거나 어떤 특정한 직업을 가지고 있는 한 사람을 만난 후 그 직업을 전체적으로 평가하는 것을 말한다. 그에 대한 가장 좋은 예가 공무원이다. 이런 주먹구구식의 판단이나 단순화된 과정을 '휴리스틱(heeuristic, 발견적 방법)'이라고 부른다.

드물게 일어나는 어떤 사건에 의해 강한 인상을 받을 경우, 우리는 그 사건이 일어날 가능성을 과대평가하는 경향이 있다. 예를 들어 비행기 추락 사고에 대한 보도에서 그에 대한 상세한 설명을 듣고 난 후 우리는 자신이 탄 비행기가 추락할 수 있는 가능성을 더욱 높게 평가하는 것이다. 통계적으로는 집 안이나 여가 시간에 사고를 경험할 확률이 훨씬 더 높은데도 말이다. 이러한 상황을 가능성의 휴리스틱이라고 말한다.

또한 결정을 내리는 데에는 출발점이 되는 자극에 의해서도 영향을 받게 된다. 시장에서 가격을 협상할 때 최종적으로 언급되는 가격은 결국 단위가치에 맞춰지는 것이다.

또 다른 휴리스틱으로는 문맥 효과를 들 수 있다. 정보가 어떻게 어떤 맥락에서 제시되는지를 결정하는데 영향을 미치는 것이다. 의사가 환자에게 두 가지 종류의 약을 제시하며 하나를 선택할 것을 제안하는 상황을 상상해볼 수 있다. A라는 약에는 부작용을 일으킬 가능성이 10퍼센트 있다. 그리고 B라는 약에는 부작용을 일으키지 않을 가능성이 90퍼센트 있다. 그러면 환자는 B를 선택할 가능성이 매우 높은데, 이는 의사가 그것을 긍정적인 문맥으로 설명했기 때문이다.

2) 문제 해결

모든 문제에는 그것이 시작된 출발 상태가 있고, 추구하는 목표 상태가 있다. 이 두 가지 상태 사이에는 장애물이 놓여 있다. 예를 들어 누군가 집 열쇠 없이 문밖에 서 있는 게 문제의 출발 상태가 된다. 이루고자 하는 목표 상태는 문이 열리는 것이다. 이 문제를 해결하기 위해서, 즉 열쇠 없이 문을 열기 위해서는 결함 있는 문제의 구조가 문제 해결의 완전한 구조로 바뀌어야 한다. 이를 위해서는 문제와 상황을 분석하고(문이 잠겨 있고, 나는 문 앞에 서 있다), 가능한 대조 상황과 모순점을 설명해야 한다. 자신이 어떤 가능성을 가지고 있는지 고려하는 것도 문제를 해결하는 과정에 포함된다.

어쩌면 신용카드를 가지고 있어서, 그것으로 문을 열 수 있을지도 모른다. 한 번 문제를 해결하게 되면, 그 해결 방법은 비슷한 구조의 문제에도 적용된다. 어떤 문제가 얼마나 빨리 잘 해결될 수 있는지는 문제를 해결하는 사람뿐 아니라 그 문제의 상태에 의해서도 좌우된다.

어떤 문제가 얼마나 빨리 훌륭한 해결 방법으로 구조 변화될 수 있을지는 우선 행동하는 사람의 지능에 달려 있다. 그 다음에는 대상의 기능적인 연결성이 지닌 극복 능력이 중요하다. 카를 둔커(Karl Duncker, 1903~1940)의 '상자 과제'가 이에 대한 예를 잘 보여주고 있다. 피실험자들에게 양초 세 개를 문에 달아야 하는 과제가 주어졌다. 그들은 과제 해결을 위해 중요한 사물들이 본래 역할에서 벗어났을 때 문제를 더욱 잘 해결할 수 있다는 사실을 보여주었다.

관점도 문제 해결 과정의 성공 여부에 영향을 미친다. 예를 들어 수학 문제를 풀 때 잘못된 관점 때문에 오류에 빠질 수 있다. 과제가 어떤 특정한 방법과 방식으로 해결할 수 있다고 강한 확신 때문에 다른 대안을 전혀 고려하지 않으면, 문제를 해결하는데 많은 시간을 낭비하게 된다.

그와 마찬가지로 문제 해결을 위해 문맥도 중요하다. 피실험자들에게 식인종과 선교사와 관련된 다양한 문제를 제시하였다. 우선 첫 번째 그룹에게는 다음과 같이 설명하였다. 식인종 다섯 명과 선교사 다섯 명이 한 배를 타고 강을 건너려고 한다. 하지만 그들에게는 3인용 보트밖에 없다. 식인종의 숫자가 더 많으면, 그들은 곧바로 선교사들을 먹어치우기 시작할 것이다. 가능한 왕복 횟수를 최소한으로 하면서 식인종과 선교사들이 모두 살아서 강을 건너야 한다. 어떻게 해야 하는가.

두 번째 그룹에게는 이와 같은 이야기를 노란색 칩이 빨간색 칩보다 적어서는 안 된다고 이론적인 상황으로 설명하였다. 그 결과 아무런 문맥 없이, 이론적인 설명을 제시받은 그룹이 다른 그룹보다 더 좋은 결과를 가져왔다. 이것은 피실험자들이 신경을 써야 하는 선교사로부터 벗어나 있을 때 문제를 더 빨리 해결할 수 있다는 것을 알 수 있다.

문제가 얼마나 잘 풀릴 수 있는지는 그 문제가 단순한지 복잡한지에 의해서도 좌우된다. 복잡한 문제란 문제를 푸는 사람이 그 문제에 대해 잘 알지 못하고, 문제가 서로 복잡하게 연결되어 있으며, 여러 가지 변수로 이루어져 있는 것을 말한다. 여기에서도 출발 상태와 도달하고자 하는 목표 상태와 행동의 가능성 등이 명확하게 정의되어 있지 않다. 물론 복잡한 문제는 누구나 해결하기 어렵다.

> **! 상자 과제**
>
> 피실험자들은 양초 세 개를 문에 달아야 한다. 이를 위해 탁자 위에는 실뭉치, 연필, 나뭇조각, 압핀, 양초 세 개, 세 개의 작은 상자 등의 물건이 놓여 있다. 이 과제의 해결을 위해서는 압핀으로 상자를 문에 고정시킨 뒤, 양초를 상자 안에 넣으면 되는 것이다. 실험자들 중 일부에게는 상자 안에 압핀, 실뭉치 등을 채워주었고, 또 다른 피실험자들에게는 빈 상자를 주었다. 빈 상자를 받은 사람들은 채워진 상자를 받은 그룹보다 더 빨리 문제 해결 방법을 찾아냈다.

6. 학습

학습은 인간 행동에 매우 중요한 설명이기 때문에 심리학의 모든 영역은 학습 모델을 이용한다. 학습을 통해서 인간은 생존의 기회를 더욱 높인다. 환경의 요구에 맞도록 행동을 바꾸기 때문이다. 그러므로 학습은 계속해서 바뀌는 환경 조건에 적응하는 과정인 것이다.

1) 고전적 조건 형성

이반 파블로프

고전적인 조건 형성에서는 자극과 반응 간의 연상 작용을 습득하게 된다. 이미 아리스토텔레스는 사건들이 공간적·시간적으로 매우 가까이 있으며, 관련이 있거나 결합되어 있다는 것을 파악하고 있었다. 이러한 형태의 조건반사와 관련된 전통적인 실험은 이반 파블로프(Ivan Petrovich Pavlov, 1849~1936)에 의해 이루어졌다.

생리학자인 파블로프는 개들의 소화기관에 대해 연구하였다. 그러면서 구강 점막에 음식이 닿았을 때만 개가 침을 흘리는 것이 아니라, 음식이 없을 때도 침을 흘린다는 것을 발견하게 되었다. 파블로프는 그의 동료가 먹이접시를 들고 덜그럭거리며 등장하는 모습만으로도 개들이 반응한다는 사실을 확인하였다. 이로써 개들의 반응에는 학습 과정이 관련된다는 것을 알 수 있다. 파블로프에게 그 이후의 실험들을 위한 출발점은 타고난, 반사적인 자극-반응 간의 밀접한 연관관계였다. 반사적으로 특정한 반응을 유발하는 자극, 즉 음식은 무조건적인 자극으로 본다. 자동적으로 이루어지는 반응, 즉 침의 분비는 무조건적인 반응이라 불린다.

파블로프는 다른 자극을 주어도 무조건적인 자극을 주었을 때와 같은 반응을 유발할 수 있는지에 대해 관심을 가졌다. 처음에는 개들에게 딸랑거리는 종소리를 중립적인 자극으로 들려주었다. 그 결과 개들은 침을 분비하는 반응을 보이지 않았다. 이러한 과정을 거친 뒤에 종을 울리고 나서 먹이를 제공했더니 침을 분비하였다. 종을 울리고 나서 먹이를 제공하는 일을 여러 번 더 반복하였다. 그리고 난 뒤에는 음식 없이 종만 울렸는데도 침을 분비하였다. 그와 같이 본래 중립적이었던 자극이 조건적인 자극이 된 것이다. 그 이후 종을 울리고 나서도 계속해서 먹이가 제공되지 않자, 침의 분비는 점점 줄어들었고, 결국 완전히 사라졌다. 즉 반응이 사라진 것이다.

고전적 조건 형성

특히 감정적인 반응이 쉽게 조건화될 수 있다는 사실은 이미 수많은 연구를 통해 증명되었다. 이와 관련된 가장 유명한 연구로는 왓슨과 레이너가 어린 앨버트를 대상으로 한 실험인데, 이는 도덕적으로 문제가 있다. 이 과학자들은 11개월 된 앨버트에게 쥐를 보여주었는데, 처음에 아이는 전혀 두려운 반응을 보이지 않았다. 그 다음 단계에선 쥐를 보여줄 때마다 왓슨이 철 파이프를 내려쳐 큰소리를 냈다. 그런 과정을 일곱 차례 거치고 나니까 앨버트는 쥐만 보아도 두려워하였다.

이러한 두려움은 토끼나 모피코트 등 쥐와 비슷한 모든 것에 확대되었다. 소위 자극의 일반화가 일어난 것이다. 감정의 조건 형성에서 특별한 것은 그것이 계속해서 지속된다는 점이다. 조건적인 자극에 대한 반응은 자극-반응의 밀접한 관계가 없어져도 사라지지 않는다. 이는 역조건 형성을 통해서만 해결할 수 있다. 예를 들어 토끼와 같이 두려움을 유발하는 자극을 초콜릿과 같이 긍정적인 자극과 함께 연결시키는 것이다.

> **! 광고에서 사용되는 고전적 조건 형성**
>
> 광고에서도 이러한 학습 원칙이 사용된다. 한 실험에서 피실험자들에게 무조건적인 자극으로 해가 지는 호수의 풍경, 폭포, 요트, 낭만적인 섬 등의 장면을 보여주었다. 이 그림들은 피실험자들에게 우선 긍정적으로 평가되었다(무조건적인 반응). 이 그림들과 함께 약 7초 동안 청량음료(중립적인 작용)의 그림을 보여주었다. 이런 과정을 여러 번 반복했더니, 피실험자들의 그림에 대한 긍정적인 평가가 음료수로 전이되었다. 이처럼 에로틱, 행복, 휴가와 같은 분위기, 활동성, 남성다움 등도 광고에서 무조건적인 반응으로 사용된다.

버로스 스키너

2) 성공을 통해 배우기

조작적인 조건 형성에서는 사람이 외부의 자극에만 반응하는 것이 아니라 행동을 통해 자신의 환경에도 능동적으로 영향을 미친다. 어떤 행동이 빈번하게 나타나는지 혹은 드물게 나타나는지는 행동이 미치는 영향에 의해 좌우된다. 여기에서도 행동과 그러한 행동을 강화시키는 요소 간의 공간적·시간적인 밀접함이 중요한 역할을 한다. 또한 학습을 할 준비 자세가 갖춰져 있어야 한다. 조작적인 조건 형성과 관련해서 가장 잘 알려진 실험으로 버로스 스키너(Burrhus Frederic Skinner, 1904~1990)의 실험이 있다.

스키너의 실험에서 우리에 갇힌 쥐가 먹이를 얻기 위해서는 지렛대를 눌러야 한다는 것을 배우게 된다. 처음에는 우연히 지렛대를 눌러 먹이를 얻었으며, 그 이후로는 지렛대를 누를 때마다 먹이를 얻게 되었다. 먹이를 얻은 뒤부터 쥐는 지렛대를 더욱 자주 눌렀다.

또 다른 실험에선 쥐에게 전기 충격이 가해졌다. 그 다음 지렛대를 누르면 불쾌한 자극이 없어질 수 있게 해놓았다. 여기에서는 특정한 행동방식(지렛대 누르기)으로 불쾌한 자극이 사라지기 때문에, 이를 부정적인 강화라고 말한다.

또 다른 실험에서는 쥐가 지렛대를 눌렀을 때 전기 충격을 받게 하였다. 그러자 지렛대를 누르는 빈도수는 줄어들었다. 이런 경우를 가리켜 처벌이라고 말한다.

3) 모범상을 통해 배우기

우리는 어릴 때부터 다른 사람들을 관찰하고 그들의 행동을 따라하면서 배우게 된다. 관찰한 행동방식이 그러한 행동을 강화시키는 결과를 가져온다면 우리가 그것을 실행할 가능성이 더욱 높아진다. 우리의 모범상이 매력적이고 권력과 능력을 가지고 있다면, 우리는 그의 행동을 받아들이게 된다. 관찰자와 모범상이 유사한 가치평가와 이해심을 가지고 있는 관계일 때 학습이 더욱 효과적으로 이루어질 수 있다. 관찰자가 자신감이 부족하고, 자기가치 의식을 가지고 있지 않은 경우에 모범상의 행동을 받아들이고 모방할 가능성이 높다.

앨버트 반두라(1925년생)는 공격적인 행동을 어느 정도까지 모방할 수 있는지에 대해 연구하였다. 취학 전의 아동 집단에게 어른들이 커다란 고무인형을 때리고 공격적인 말을 퍼붓는 것을 보여주었다. 또 다른 아동 집단에게는 어른들이 인형에게 다정하게 대하는 모습을 보여주었다. 그런 다음에 아이들을 흥미로운 장난감이 가득 있는 방에 들여보냈다. 하지만 그 장난감들을 절대 만지지 말라고 지시하였다. 어린이들은 몹시 실망하였다. 그런 다음 아이들을 이전에 어른이 다정하게 또는 거칠게 다루었던 고무인형과 함께 장난감이 놓여 있는 방으로 들여보냈다. 그러자 폭력적인 어른들의 모습을 보았던 아이들은 신체적인 폭력과 공격적인 발언을 흉내 냈다. 그러나 다른 그룹에 속하는 아이들은 인형을 학대하는 경향을 보이지 않았다.

모방에서 결정적으로 중요한 것은 모범상이 자신의 행동으로 보상을 받았는지 아니면 처벌을 받았는지 하는 것이다. 모범상이 자신의 행동에 대해 칭찬을 받거나 보상을 받았을 때 공격적인 행동을 더욱 강하게 모방하는 경향을 보였다. 그러나 어른이 자신의 행동 때문에 비난을 받았을 경우에 아이들은 그러한 행동을 모방하는 경향이 줄어들었다.

! 폭력성의 증가

폭력적인 영화를 보는 것이 폭력성을 키워준다고 주장하는 가설이 있다. 그러나 개인 스스로가 폭력적인 장면에 어떻게 반응할 것인지는 미리 예측할 수가 없다. 또한 그러한 원인과 그것이 미치는 영향에 대해서도 아직까지 명확한 설명이 없다. 한편으로 어린이들이 텔레비전 보는 시간을 줄이면 폭력성이 줄어든다. 그러나 또 다른 한편으로, 이미 폭력적인 사람들이 그런 종류의 폭력적인 영화들에 큰 관심을 가지게 되는 것이다. 특히 어린이들의 경우에는 영화 속 장면이 꾸며진 이야기라는 사실을 확실히 깨닫지 못하기 때문에 폭력적인 장면에 의해 더 큰 영향을 받게 된다.

7. 성격심리학

사람은 누구나 독특하고 유일무이한 존재다. 사람에 따라 매우 활달하기도 하고 조용하기도 하고 겁이 많기도 하다. 성격심리학은 인간의 경험과 행동에서 개인적인 특별함을 다룬다. 성격심리학에서는 개인적인 차이점들이 어떻게 생겨나며, 얼마나 자주 나타나며, 그것이 얼마나 굳건한지에 대해 연구한다. 성격심리학의 중심에는 인성, 지능, 창의성, 두려움 등의 성격적인 특징들이 놓여 있다.

1) 지그문트 프로이트의 역동적 성격이론

지그문트 프로이트

지그문트 프로이트에 따르면 행동은 충동에 의해 이루어진다. 일정한 양의 에너지가 모이면 충동의 긴장 상태가 만들어진다. 인간의 심리는 긴장 상태를 해결하고 충동을 배출하기 위해 노력한다. 프로이트는 모든 욕구들 중 성욕을 가장 중요하다고 여겼다. 막 태어난 인간은 타고난 본능이나 충동만 가지고 있다. 이러한 충동이 있는 기관을 프로이트는 이드(Es)라고 칭하였다. 환경과의 교류를 통해 또 다른 기관인 자아가 형성되는데, 자아는 이드의 바람과 환경의 요구 사이를 중재한다. 그 외에 도덕적인 기관으로 초자아가 있다. 초자아가 양심을 만든다. 이것은 사회적인 그리고 부모에 의해 제시된 규범과 가치들의 내면화를 통해 생긴다. 초자아는 자아와 이드를 모두 감시하는 통제기관이다. 또한 이드의 충동과 바람이 무의식 속에 들어가는데 결정적인 영향을 미친다.

인간의 성격은 이러한 세 가지 기관의 협력 작용과 어떤 기관이 더 강한지에 따라 결정된다. 또한 어린 시절의 욕구 충족 문제가 성격 형성에 중요한 역할을 한다. 어린 시절 중에 이드에 너무 강하게 굴복했거나 이드가 너무 많이 제한을 받았다면, 그 시기에 고착하게 되고, 이는 행동에 강한 영향을 미치게 된다.

프로이트는 어린 시절을 구강기, 항문기, 남근기로 구분한다. 구강기는 생후 2년까지 지속된다. 아이가 입 주위에서 쾌감을 얻는 시기로 음식물 섭취와 젖 빨기가 중요한 역할을 한다. 이 시기에 고착하게 되면, 성인이 되어서도 먹기, 마시기, 흡연처럼 입을 통한 소비 경향을 강하게 보인다.

생후 2년부터 3년까지를 항문기라고 하는데, 이때는 배설물을 배출하거나 참는 것이 중요하다. 이 시기에 고착하게 되면, 병적으로 질서에 집착하거나 인색하거나 고집스러운 경향이 나타난다.

생후 4년부터 6년까지 지속되는 남근기에서는 아이들이 자신의 몸을 탐구하고 생식기를 발견하게 된다. 그리고 클리토리스와 페니스를 자극하기 시작한다. 이 시기에 남자 아이들은 엄마에 대한 사랑 때문에 아빠와 경쟁한다. 그러면서 오이디푸스콤플렉스가 생겨나는데, 이것은 아빠가 벌을 내려 자신이 거세당할 수도 있다는 불안감과 긴밀하게 연결되어 있다. 여자 아이들은 페니스가 없기 때문에 이 시기에 열등감을 느끼게 된다. 그래서 남근 선망이 생긴다. 또한 아빠에게 관심을 가지고 그로써 엄마와 경쟁을 하기 때문에, 질투와 시샘의 감정을 발전시키게 된다. 이를 두고 엘렉트라콤플렉스라고도 하는데, 남자 아이들의 오이디푸스콤플렉스에 상응하는 현상이라고 할 수 있다. 이 시기에 고착하게 되면 오이디푸스콤플렉스를 계속 가지게 되며, 마초(macho) 같은 행동을 하게 된다. 프로이트의 이론은 비록 놀라울 정도로 커다란 반향을 불러일으켰지만, 학문으로 증명되지는 못했다.

2) 크레치머의 유형론

히포크라테스

이미 히포크라테스(BC 약 460~375)는 특정한 성격의 특징들을 이용해 사람들을 일정한 유형으로 구분하려고 시도한 바 있다. 그리고 근대에 가장 대표적인 사람으로 에른스트 크레치머(Ernst Kretschmer, 1888~1964)가 있다. 그는 사람들의 체격과 성질 사이에 상관관계가 있다고 가정하였다. 크레치머는 우선 자신의 정신병 환자들을 관찰하였다. 그는 곧 자신의 이론을 일반적인 사람들에게 모두 적용할 수 있었는데, 이는 그가 발견한 신체 유형이 정신병을 보이지 않는 사람들에게서도 발견할 수 있었기 때문이다.

그는 신체 유형을 비만형, 세장형, 운동형의 세 가지 체질로 분류하였다. 비만형은 키가 작고 단단한 체형을 가지고 있으며, 성격은 밝고 사교적이다. 반면 세장형은 키가 크고 말랐으며, 성격은 진지하고 폐쇄적이다. 운동형은 근육질의 체형이고 느리며 생각하는 것을 어려워하고 사람을 대하는데 서툴다. 그러나 크레치머의 이론 역시 과학적으로 증명되지 않았다.

3) 행동주의 이론

행동주의 이론에 따르면, 인간의 개인적인 성격은 학습에 의해 형성된다. 이는 고전적인 조건 형성과 조작적 조건 형성을 이용한 모든 보상과 처벌의 경험을 통해 인간의 행동이 각인된다는 것을 의미한다. 그렇다고 사람들 간의 차이점을 학습 과정만으로 설명할 수는 없다. 이미 갓난아이들에게서도 서로 다른 성격적인 특징을 발견할 수 있기 때문이다.

4) 자아

잠재적 자아에 대한 개념은 최근에 제기된 이론 방향이다. 이 이론에 따르면, 성공적인 자아, 사랑받는 자아, 부유한 자아 등 앞으로 자신이 어떤 사람이 되고 싶은지에 대한 비전을 잠재적 자아가 발전시킨다고 한다. 그러나 이러한 자아에는 무직 상태의 자아나 외로운 자아처럼 우리가 두려워하는 자아의 모습도 포함되어 있다. 잠재적 자아는 우리가 목표를 세우고 그 목표를 이루기 위해 노력하도록 동기를 부여한다.

자아는 느낌, 생각, 행동이 형성되는 중심적인 자리를 차지한다. 자신의 가치에 대해 어떤 느낌을 갖는지가 성격에서 매우 중요하게 작용한다는 사실이 증명되었

성공적인 시합을 마치고 난 뒤의 보리스 베커

다. 높은 자기가치 의식을 가진 사람은 자기가치 의식이 낮은 사람보다 사회적 교류가 더 많고 약물에 중독될 가능성도 적다. 자기가치 의식이 낮을 경우에는 자기 자신 또는 타인의 기대에 상응할 수 없다는 느낌에 강한 지배를 받는다. 그런 사람들은 자주 절망적이고 불행하다고 생각한다.

그러나 대부분의 사람들은 자기 자신을 유리한 관점에서 바라보기 때문에 자신에 대해 긍정적으로 평가한다. 이런 현상을 자기가치에 대한 왜곡현상이라고 부른다. 그래서 좋은 성과를 가져왔을 때는 그것이 자신의 능력이라고 여기고, 실패했을 때에는 외적인 환경 탓으로 돌리게 되는 것이다. 이러한 현상은 운동선수들에게서 자주 나타난다. 이겼을 때에는 자신의 능력 때문이라고 하고, 졌을 때에는 운이 안 좋았다거나 상대방이 너무 강했다고 설명한다. 이러한 자기가치에 대한 왜곡현상은 우리의 평안을 위해 긍정적으로 작용하며, 두려움과 우울증으로부터 우리의 자신감을 보호한다.

5) 두려움과 겁

두려움 자체는 위협적이거나 불편한 자극에 대해 자연스럽게 나타나는 타고난 반응이다. 그러나 시험에 대한 두려움처럼 습득된 두려움도 있다. 우리는 시험을 치르고 나면 그에 대한 평가가 있으며 좋은 결과를 가져오는 것이 매우 중요하다는 사실을 배워서 알고 있다.

반면 겁이 많은 것은 성격상의 특징이라고 생각한다. 이는 여러 가지 상황들을 자주 위협적으로 평가하며, 그로 인해 두려움을 자주 경험하는 경향을 보인다.

6) 지능

 지능에 대해 통일적인 해석은 존재하지 않는다. 지능의 구성 성분과 관련해서 다양한 관점들이 있다. 지능을 한 가지의 능력으로 보아야 하는지 아니면 여러 가지 다양한 능력들이 합쳐진 것으로 보아야 하는지에 대해 학자들 사이에 의견이 분분하다.

 지능은 사회적으로 만들어진 이론적인 구조이다. 이것은 키나 눈의 색깔처럼 실제로 존재하는 것이 아니다. 그러므로 '지능이란 지능검사로 측정하는 것을 말한다.'란 데이비드 웩슬러(David Wechsler, 1896~1981)의 말은 정확한 것이다. 지능의 정도는 환경에 대한 이해와 환경 안에서의 생활에 영향을 미친다. 지능은 경험을 통해 문제를 해결하고 기존의 지식을 새로운 상황에 적용하는 능력이다.

 지능은 문화에 따라 서로 다르게 파악된다. 서양 문화에서는 인식에 관련된 과제를 해결하는데 커다란 성과 능력을 보이는 것이 중요하며, 아시아 문화에서는 사회에서 세련된 행동을 보이는 것이 중요하다.

 사람들은 대부분 한 가지 분야에서만 훌륭한 성과를 보인다. 자연과학에 뛰어난 사람이 있는 반면에, 외국어에 재능이 있거나 글쓰기 분야에서 창의적인 능력을 보이는 사람이 있다. 이러한 사실은 지능이 여러 가지 능력으로 구성되어 있다는 가정으로 이어진다.

 찰스 스피어먼(Charles Edward Spearman, 1863~1945)은 지능의 두 가지 요소 이론을 개발하였다. 그의 이론에 따르면, 모든 지능적인 성과에 관여하고 있는, 보편적인 하나의 요소로서 g요소(일반적인 지능)가 있고, 서로 여러 개가 종속적인 관계를 가지고 있는 s요소(특수한 지능)가 있다. 물론 일반적인 요소에 대한 이론은 논쟁의 여지가 있다.

레이먼드 커텔(Raymond Cattell, 1905~1998)은 그의 지능 모델에서 지능은 타고난 특성에만 토대를 두고 있는 것이 아니라 환경과 학습과 경험에 의해서도 강한 영향을 받는다고 보았다. 레이먼드 커텔은 스피어먼처럼 g요소에서부터 출발하면서도, g요소를 결정적인 지능과 유동적인 지능으로 나누었다는 점이 다르다. 결정적인 지능은 습득되는 것이다. 이는 문화적인 틀과 경험에 의해 영향을 받는다. 이러한 지능에는 언어적 능력, 학교에서 배우는 지식, 문화적 지식, 경험에 의한 지식 등이 포함된다. 유동적인 지능은 유전적으로 결정되는 것이며, 추론 능력, 개념 형성, 정보처리 등과 같은 능력들이 포함된다.

반면 루이스 서스턴(Louis Leon Thurstone, 1887~1955)은 지능을 구성하는 일곱 가지 요소를 찾아냈다. 그것은 공간적인 상상 능력, 논리적 사고, 계산적 사고, 언어적 이해, 언어의 능숙함, 기억, 인지의 속도이다.

오늘날에는 지능을 여러 가지 개별적인 능력이 합쳐진 것이라고 보며, 그러한 능력들의 조합이 모든 사람들에게 나타나는데, 그로써 보편적인 지능의 구성 요소를 측정할 수 있다고 여긴다. 그래서 대부분의 지능 검사는 여러 가지 분야를 테스트하는 것이다.

> **! 감성지수**
>
> 십여 년 전부터 감성지수라는 개념이 많이 언급되었다. 감성지수는 자기 자신과 다른 사람에게 어떻게 대하는지에 있어서 결정적으로 중요한 역할을 한다. 여기에서는 인지와 감정의 표현이 중요하다. 높은 감성지수를 가진 사람들은 다른 사람의 처지를 잘 이해하고 그들이 어려운 상황에 처했을 때 잘 돕는다. 높은 감성지수는 종종 직장, 사랑, 가족 안에서의 성공과 깊은 관련이 있다.

8. 사회심리학

인간은 사회적인 동물이다. 즉, 인간은 다른 사람과의 관계 안에서(가족, 친구, 직장 동료와의 관계 등) 많은 시간을 보낸다. 몇몇 사람들과는 밀접한 관계를 맺기 위해 노력하며, 그 밖의 사람들과는 어느 정도 거리를 유지한다. 이는 우리가 상대방을 어떻게 평가하는지, 우리가 스스로를 어느 집단에 속한다고 정의하는지에 따라 좌우된다. 사회심리학에서 다루는 주제는 집단이 어떻게 형성되는지, 사람들 사이의 관계가 어떻게 형성되는지, 그로부터 어떤 원동력이 생겨나는지 등이다.

1) 낯선 사람에 대한 평가

낯선 사람을 만났을 때 우리는 아주 짧은 시간 안에 그 사람에 대한 인상을 형성하고, 그를 특정한 부류에 포함시킨다. 그것은 앞으로 그 사람을 가까이할 것인지 아니면 거리를 둘 것인지 결정하는데 영향을 미친다. 우리는 사람을 처음 만났을 때는 외모와 같은 외적인 특징과 함께 나이, 성별, 피부 색깔, 옷차림, 행동 등 비언어적인 특징도 중요시한다. 이러한 특징들은 매우 빨리 처리되며, 무의식적으로 이루어진다. 앞서 말한 특징들의 인식을 통해 우리는 사람들을 여자, 펑크족, 경찰 등으로 분류한다. 각각의 범주는 특정한 성격적인 특징과 연결되어 있다.

다양한 범주에 속하는 사람들에 대한 지식은 대부분 다른 사람으로부터 받아들이게 된다. 이를 스테레오타입이라고 한다. 스테레오타입은 각각의 범주에 속하는 특징을 가지고 있는 사람에게 모두 적용하는 상(像)이다. 그러므로 스테레오타입은 정보의 처리를 더욱 수월하게 해주며 생각을 단순하게 해준다. 그러나 스테레오타입에 따라 생각하는 것은 개인적인 특징들은 무시하고 과도하게 일반화시키는 위험성이 있다.

2) 선입견

무자퍼 셰리프(Muzafer Sherif, 1910~1988)는 선입견 형성 문제에 몰두한 최초의 심리학자 중 한 사람이다. 그는 서로 모르는 사이인 11세 아이들을 캠프에 초대하였다. 그들은 각각 두 개의 그룹으로 나뉘어 서로 다른 야영장에 머물렀다. 두 그룹 모두 또 다른 그룹이 존재한다는 사실을 몰랐다. 각각의 그룹은 산책, 텐트 세우기, 놀이, 요리 등과 같은 활동을 함께했다. 일주일 후 두 그룹은 매력적인 상품이 걸려 있는 시합을 위해 처음으로 만나게 되었다. 시합이 시작되고 나서부터 서로 상대방의 그룹에 대한 선입견이 형성되었다. 이러한 선입견은 시합이 끝나고 이어진 파티 이후에 더욱 강하게 작용하였다. 승리한 팀은 진 팀에게 맛있는 음식을 거의 남겨주지 않았던 것이다. 처음에는 경쟁심이었지만, 시간이 지날수록 적개심이 생겨난 것이다.

선입견은 더욱 많은 요소들로 구성되어 있다. 우선 인식적인 요소들이 있다. 셰리프의 실험에서 아이들은 서로 다른 그룹에 속하는 구성원들에 대해 '돼지새끼' 또는 '역겨운 놈' 등과 같은 욕을 하였다. 반면 자기 자신의 그룹에 대해서는 매우 긍정적인 상(像)을 가지고 있었다. 아이들은 자기 자신의 그룹에 속하는 사람들은 친절하거나 용기가 있다고 보았다. 선입견에는 물론 감성적인 부분도 포함되어 있다. 이는 악의적인 거부와 증오로 표현된다. 선입견을 구성하는 세 번째 구성 요소는 행위적인 요소이다. 상대 그룹의 구성원들을 무시하고 모욕하고 차별 대우하는 것을 말한다.

그렇다면 이런 선입견들은 어떻게 생기는 것인가? 이에 대한 설명에는 여러 가지가 있다. 그중 하나는 헨리 타이펠의 사회정체성 이론이다. 사회정체성 이론에 따르면, 사람은 누구나 자기가치를 높이기 위해서 노력한다. 자기가치는 우선 개인적인 승리를 통해 결정되며, 또 다른 한편으론 사회적인 정체성—즉, 성공적인 단체에 속하는 것—에 의해 결정된다. 자기가치 의식에 대한 위협은 자신의 그룹을 더욱 높이 평가하고자 하는 동기를 강화시킨다. 사회적 정체성을 매우 중요하게 생각하는 사람의 경우에는, 다른 집단에 의해 위협을 받을 경우 더욱 강한 선입견으로 반응한다.

선입견을 없애기 위해서는 여러 그룹에 속하는 구성원들을 만나보는 게 좋다. 그러나 이것은 서로 다른 인종으로 이루어진 그룹들이 서로를 동등한 사람들로 대하고 한 가지 목표를 이루기 위해 함께 노력할 경우에만 성공을 보장받을 수 있다. 또한 한 그룹에 속하는 구성원을—선입견에서 벗어나서—개인으로 묘사해보는 것도 매우 좋은 방법이다. 이를 통해 선입견을 가지고 있던 사람들은 자신이 거부했던 사람들과 자신이 많은 공통점을 가지고 있으며, 그들이 처음에 생각했던 것처럼 낯선 사람들이 아니라는 사실을 깨닫게 될 것이다.

3) 관계 형성

우리가 만나는 사람들의 대부분은 잠깐 보고 헤어지게 된다. 하지만 몇몇 사람은 호감을 유발하고, 그로써 긴밀한 관계를 유지하고 싶은 바람을 불러일으킨다. 오랫동안 관계를 유지하는 요소 중 하나는 공간적인 근접이다. 예를 들어 같은 반에 속하면 친한 친구가 될 기회도 그만큼 커진다. 잦은 만남은 호감을 상승시키는 작용을 한다. 이때 매력이 큰 역할을 한다. 여기에서 매력적인 사람들은 똑똑하고, 성공적이고, 친절하며, 능력이 있다는 스테레오타입이 적용된다. 그러나 교류가 오래 계속될지 아닐지는 또한 당사자들이 서로 얼마나 잘 맞는지, 서로에게 어느 정도의 친밀감을 허용하는지에 달렸다. 자신과 비슷한 관심사와 신념을 가지고 있는 사람을 만나면 가까운 관계가 될 가능성이 상대적으로 커진다.

어떤 사람이 상대방에게 호감을 표시할 경우, 그 사람에 대한 상대방의 애정도 증가한다. 반면 어떤 사람이 자신을 거부하는 듯한 인상을 받게 되면 상대방은 그 사람에게 호감을 느끼지 않게 된다. 관계의 깊이는 서로에게 얼마나 마음을 열 준비가 되어 있는지에 의해 결정적으로 좌우된다. 마음을 여는 문제는 특정한 사회규칙에 따라 이루어진다. 두 사람은 이제 피상적인 주제에서 벗어나 사적인 주제에 대해서도 이야기를 나누게 된다. 서로에 대한 믿음이 클수록 호감은

취미생활을 함께하는 사람들

커지며, 오랫동안 관계를 유지할 가능성도 높아진다.

? 알고 넘어가기

사적인 이야기를 하는 것은 최근에서야 관계 강화를 위해서 중요한 요소로 가능하게 되었다. 예를 들어 빅토리아 시대(1837~1901)에는 개인적인 주제에 대해 이야기를 하는 것이 보편적이지 않았다. 그래서 개인적인 생각이나 성적인 문제에 대해서 이야기를 나누는 것은 부부 사이에서도 금기시되었다. 지그문트 프로이트와 그의 '대화치료'를 통해서 그러한 분위기가 급변하기 시작하였다.

낭만적 사랑

동반자적 사랑

4) 사랑

사랑에는 매우 다양한 형태가 있다. 우선 낭만적 사랑이 있는데, 이는 매우 격렬한 감정 상태로서 오랜 시간을 지속하는 데에는 한계가 있다. 이런 사랑은 상대방에 대한 커다란 그리움을 느낀다는 특징을 가지고 있다. 사랑하는 사람에게 계속해서 몰두하게 되며, 그를 이상화한다. 이것을 인식적 요소라고도 한다. 성적인 흥분과 하나가 되고 싶은 바람은 감성적 요소에 속한다. 낭만적인 사랑은 커플 관계의 시작을 특징적으로 보여준다. 시간이 흐르면서 상대방에게 느끼는 매력은 서서히 줄어든다. 하지만 둘의 관계는 깊고 견고해진다. 이러한 형태의 사랑을 동반자적 사랑이라고 한다.

> **! 뱃속에 나비들이 춤추는 것 같은 울렁거림**
>
> 사랑에 빠지면 심장박동이 빨라지거나 얼굴이 빨개지거나 하는 등의 생리적인 현상도 나타나게 된다. 로마의 시인 오비드(BC 43~AD 17)는 『사랑의 기술 Ars amatoria』에서 젊은 남자들에게 자신이 간절히 원하는 여인과 함께 검투사의 싸움을 보러 갈 것을 권고한다. 그러면 그 여인은 싸움을 바라보면서 얻게 된 흥분을 자신과 동행한 남자에 대한 사랑과 관심으로 해석하게 된다는 것이다.

5) 집단

인간은 사회적인 존재이다. 우리는 다른 사람을 필요로 하며 집단을 구성한다. 집단은 두 명 이상의 사람으로 구성된 모임을 의미하며, 그 구성원들은 서로 긴밀한 관계를 맺게 된다. 한 집단은 분명한 구조를 가

1차적 집단-가족

지고 있고, 그 안에는 여러 가지 역할과 임무가 존재한다. 대부분의 경우 그 집단을 대표하는 리더가 있기 마련이다. 집단의 형성은 동일한 즐거움, 장점, 필요성 등의 공통점 또는 공통된 적을 가지고 있으면 더욱 용이해진다. 집단에 속한 사람들은 비슷한 옷, 언어, 가치관 등을 통해 자신들을 드러낸다.

집단은 가족과 같은 자연적 집단, 1차적 집단과 학급과 같은 인위적 집단, 2차적 집단으로 구분된다. 또한 자기 자신이 속하는 내집단과 자신과 경계를 이루고 있는 외집단으로도 구분할 수 있다. 모든 집단에는 집단규범이 존재한다. 그것은 구성원들이 그들의 사회적 환경 안에서 자아를 정의할 수 있도록 돕는다. 새롭게 형성된 집단을 관찰해보면, 시간이 지날수록 중요하지 않은 의견이나 순종적이지 않은 행동이 서서히 사라지고, 예외적인 행동에 대한 관용도 점점 더 줄어드는 것을 볼 수 있다. 집단의 압력에 의해 규범의 유지가 어느 정도 보장되며 규범에 대한 준거가 생겨나는 것이다. 규범에서 벗어나는 사람은 비난과 억압 또는 언어적·신체적 공격 등과 같은 제재를 감안해야 한다.

6) 모빙(Mobbing, 따돌림)

모빙은 직장이나 학교 등에서 한 개인이나 단체에게 장기간 동안 가해지는 괴롭힘, 정신적 테러, 음모 등을 말한다. 모빙은 피해 당사자에게는 커다란 사회적 스트레스 요인이 되기 때문에 건강을 해칠 가능성이 매우 높다. 직장에서 모빙이 있을 경우 근로 환경이 나빠지는 일이 자주 발생한다.

예를 들어 그 사람의 수준보다 한참 떨어지는 의미 없는 임무를 맡기는 등 모빙의 희생양은 근무 조건이 나쁜 자리로 좌천되거나 업무 성과가 조작되는 일을 겪는다. 또한 공간적인 고립, 공동 작업의 거부, 정보 공유의 제한이나 정보의 조작 등으로 직장에서의 대인 교류가 제한될 수 있다. 종종 언어적인 공격이 이루어지기도 한다. 희생양에 대한 악의적인 소문이 떠돌거나, 그의 자질에 대해 공개적으로 의심을 하거나, 그의 행동을 비판하기도 한다. 극단적인 경우에는 신체적인 폭력이 가해지기도 한다.

모빙은 그것을 위한 환경이 잘 갖춰져 있을 때에만 생겨난다. 특히 의료 분야, 교육 분야, 공공기관, 금융업 등과 같이 큰 규모의 조직에서 모빙 현상이 자주 나타난다.

체계가 매우 고정적이고 위계질서가 엄격한 직장 환경일수록 개개인이 자아를 마음껏 펼칠 수가 없다. 그렇기 때문에 절망스럽고 부정적인 직장 분위기가 만들어진다. 장애인이나 병자 등 집단의 규범에 상응하지 않는 사람들이 쉽게 모빙의 희생양이 된다.

또한 실제로 업무능력이 부족하다거나 과소평가되는 점도 모빙의 원인이 될 수 있다. 희생양의 자신감 부족과 자기효능감에 대한 기대 부족이 모빙을 더욱 부추기는 역할을 한다. 가해자에게는 직장을 보장받는 것, 자기가치를 유지

모빙의 희생양은 동료 또는 상사 때문에 괴로워한다

하는 것, 권력을 가지는 것 등 자신의 관심사에 대한 보장이 중요하다. 가해자들은 대부분 집단적으로 행동한다는 것을 많은 연구에서 알 수 있다.

가해자와 대화를 해보거나 기업 내에 있는 자문단체의 개입을 요구하는 등 갈등 상황을 적극적으로 해결하는 것 외에도 모빙의 한계를 정하고 가해자의 도발에 넘어가지 않는 등의 수동적인 방법도 효과가 있다. 가해자와 공간적으로 거리를 두는 것도 도움이 될 수 있다.

지속적인 모빙은 희생양에게 신체적·정신적 피해를 가져다준다. 정신적 영향으로 신체적인 고통이나 우울증이 자주 나타나기도 한다. 또한 경제적으로도 부정적인 결과를 가져온다. 희생양들은 그들의 성과에서 손실을 보게 되고, 아픈 날도 많게 되며, 조직 안에서 자신의 일에 대한 동기도 줄어들게 된다.

9. 발달심리학

인생의 다양한 발달 단계

발달심리학에서는 '누가 발달하는가?', '인간은 어떤 방향으로 발달하는가?' 등과 같은 문제들을 중요하게 다룬다. 이 이론은 모든 사람이 기능적인 성인이 되고자 하는 목표와 함께 점차적으로 발달이 진행된다는 사실을 전제로 한다. 오랫동안 어린이와 청소년을 연구하였고, 최근에서야 발달에 대한 연구를 인생 전체 과정으로 확대했다. 평생 동안의 발달이라는 틀 안에서 모든 발달 단계는 성장과 쇠락을 동시에 경험하게 된다.

1) 영유아기

아이들은 태어나서부터 약 2년 동안 급속도로 성장한다. 이때는 키와 몸무게만 증가하는 것이 아니라 운동근육의 기능, 언어 능력, 인지 기능도 형성된다. 그와 더불어 사회적·감정적인 소속감도 매우 중요하다.

세계 어느 곳에서든 아이들은 생후 1년이 되면 가까운 사람에게 사회적·감정적인 소속감을 느끼게 된다. 소속의 시기에 이르기 전 갓난아이들은 누가 자신에게 먹을 것을 주고 달래주는지를 중요하게 생각하지 않는다. 그러다가 생후 3개월 정도부터 소속을 준비하는 단계에 들어선다.

이 단계에서는 엄마와 같이 가까운 사람들을 선호한다. 그런 사람에게 아이는 더 자주 웃음을 보이며, 더 쉽게 안정감을 찾게 된다. 생후 6~7개월이 지나면 명백한 소속의 시기가 시작된다. 이 시기에는 특정한 사람들과의 관계를 발전시킨다. 엄마 외에도 아빠, 할머니, 할아버지, 형제자매 또는 다른 사람들과의 소속감을 발전시키는 것이다.

특정한 사람에 대한 아이의 소속감은 질적인 면에서 매우 다양하다. 메리 애인스워스(Mary Ainsworth, 1913~1999)는 낯선 환경에서 엄마가 아이를 남겨두고 잠깐 사라졌다가 돌아왔을 때 아이들이 엄마에게

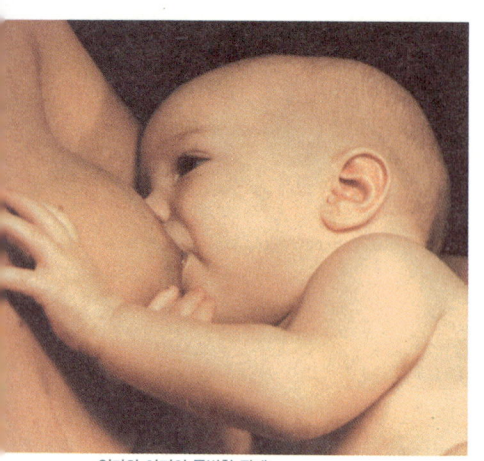
엄마와 아기의 특별한 관계

어떤 반응을 보이는지 연구하였다. 그 연구를 통해 안정된 소속 관계와 불안정한 소속 관계 유형을 발견할 수 있었다.

안정된 관계에 있는 아이는 엄마와 함께 낯선 공간에 들어섰을 때 그 방 안에 있는 장난감에 커다란 흥미를 보였다. 장난감을 가지고 놀면서 계속해서 엄마가 있는지 확인하였다. 엄마와 둘이 있는 공간에 낯선 사람이 들어섰을 때에도 아무런 반응을 보이지 않았다. 그러나 엄마가 사라지고 낯선 사람과 단둘이 있다는 사실을 확인하고 나서는 놀이를 중단하였다. 그중 몇몇 아이들은 울기 시작하였다. 그리고 엄마가 다시 돌아오자 아이들은 기뻐하며 엄마 곁으로 갔다.

그러나 불안정한 관계에 있는 아이들 대부분이 엄마와 함께 있을 때에도 장난감을 가지고 놀지 않았다. 또한 엄마가 사라졌을 때에도 그것을 전혀 인식하지 못하거나 그로 인해 특별히 불안해하지 않는 모습을 보였다. 엄마가 돌아왔을 때에도 대부분의 아이들이 그러한 사실을 인식하지 못하였다.

엄마가 아이들을 달랠 경우 안정된 관계에 있는 아이들은 엄마를 더 꼭 껴안는 반면, 불안정한 관계에 있는 아이들은 화를 내며 소리를 지르거나 엄마를 밀쳐내며 거부하였다.

관계의 질은 그 관계에 관여하는 사람의 행동에 의해 좌우된다. 여기에서는 특히 관여하는 사람이 아이의 신호에 어떻게 반응하는지가 중요하다. 그가 아이의 욕구에 섬세하게 반응하고 사랑을 표현하면, 안정된 관계가 될 가능성이 매우 높아진다. 섬세하지 못한 엄마의 경우에는 아이가 눈빛이나 소리를 통해 명백하게 의사표현을 해도 그것을 무시한다.

관계의 질에서 중요한 역할을 하는 또 한 가지 요소는 성격이다. 다루기 쉬운 아이의 경우에는 잠자는 시간을 쉽게 예상할 수 있고, 먹는 것에서도 큰 문제가 없다. 그러나 다루기 힘든 아이의 경우에는 언제 잠을 잘지 전혀 짐작할 수 없고, 기분이 안 좋을 때가 많으며, 새로운 상황에도 잘 적응하지 못한다. 이러한 사회적·감정적인 관계의 질은 이후의 발달을 결정한다. 그래서 안정된 관계를 가졌던 아이들은 불안정한 관계 유형에 속했던 아이들보다 어른이 되어서 더 나은 사회적 능력과 대인관계, 더 많은 우정관계를 맺게 된다.

2) 취학 전 아동

이 시기에는 인식적인 발달 외에 사회적인 발달도 성장하게 된다. 이 단계의 특징은 자신의 성 역할에서 성장을 보인다는 것이다. 생후 2년에서 3년 사이에 아이들은 자신이 남자인지 여자인지를 알게 된다. 그럼으로써 자신의 성 정체성을 발견하게 된다. 생후 3년에서 4년 사이가 되면 여자 아이들과 남자 아이들은 각각 어떤 장난감을 가지고 놀아야 하는지 알게 되며, 어떤 행동이 자신에게 맞는 것인지 파악하게 된다.

초등학생들에게 설문조사를 한 결과, 그들은 대체로 자신의 성별에 대해 만족하는데, 이는 자신의 성별에 맞는 활동을 만족하기 때문이다.

즉 남자 아이들은 축구를 좋아하고, 여자 아이들은 인형 놀이를 좋아하며, 취학하기 전부터 성별은 바꿀 수 없다는 사실을 잘 알고 있다.

성 정체성의 형성과 관련해서 매우 다양한 설명이 있다. 학습심리학적 설명 방법에 따르면, 아이들은 자신의 성 역할을 습득하게 된다고 한다. 아들과 딸의 성 정체성이 발달되기 이전에 부모가 그들의 성별 행동에 영향을 미친다.

만 2세 정도 된 아이들 중에 여자 아이는 전형적인 여자 아이의 놀이를 하고, 남자 아이는 남자다운 활동을 했을 때 부모로부터 인정을 받는다는 것을 관찰할 수 있다. 특히 아빠들이 성 역할의 기대에 아이들이 부응해야 한다고 생각하며 민감하게 반응한다. 그래서 아들이 인형을 가지고 노는 모습을 인정하지 않는다.

또한 아이들은 자신과 같은 성인 사람들을 관찰한다. 그런 이유로 여자 아이들은 엄마, 여자 친구들, 텔레비전에 등장하는 여자들이 어떻게 행동하는지를 주의 깊게 관찰하고 그것을 모방하는 것이다.

이 시기에는 공평함과 사회적 정의에 대한 가치관의 발달을 위해 또래 친구들과의 교류도 중요하다. 사회적 발달을 위해 역할극을 하는 것이 아이들에게 도움이 될 수 있다. 역할극의 틀 안에서 그들은 자기 자신의 바람과 욕구를 표현할 수 있게 된다. 역할극을 하는 도중에 갈등 상황이 발생할 경우, 그러한 상황을 해결하는 법을 연습할 수 있는 기회를 가지게 된다.

> **? 알고 넘어가기**
>
> 임신 기간 중에 자궁이 태아를 너무 일찍 밀어낼 위험이 있을 경우 산모에게 어떤 호르몬을 주입하게 되는데, 이는 체내에서 남성 호르몬인 테스토스테론으로 바뀐다. 이럴 경우 여자 아이의 성기가 남자 아이의 성기와 비슷한 모양으로 태어날 수 있다. 이런 아이들은 오류가 발견되기 전까지 부모에 의해 남자 아이처럼 키워지다가 나중에야 수술을 받게 된다. 생후 18개월 이전에 성공적으로 수술을 할 경우 아이가 성 역할을 찾는데 아무런 문제가 없게 된다. 그러나 만 3세가 넘어 수술을 할 경우 새로운 성 역할을 받아들이는데 어려움을 느낀다. 그들은 남자 아이처럼 행동하고 남자 아이들의 장난감을 선호하며 대체로 남자 아이들과 어울려 논다.

3) 초등학생

이 시기에는 또래 친구들과의 우정관계가 발달된다. 이 시기에 사람에 대한 인식이 바뀌기 때문이다. 만 7세 정도인 아이들에게 친구에 대해 설명해보라고 하면, 흔히 '우리는 같은 반이야.' 라는 식으로 말한다. 그러나 좀 더 나이가 들면 아이들은 친구를 설명할 때 '다정하다' 거나 '읽기를 잘해' 라는 식으로 말한다. 초등학생의 나이가 되면 아이들 사이에서 신뢰감이 생겨난다. 대체로 같은 성별의 친구에게 자신의 개인적인 생각을 말한다. 그러면서 다른 성별의 친구와 교류하는 것은 기피한다. 이성을 멀리하는 태도는 청소년이 되어서야 사라진다.

4) 청소년

청소년기 또는 사춘기에는 신체적·정신적으로 큰 변화를 겪는다. 이 시기에 청소년은 수많은 도전을 맞이하게 되며, 애정 관계가 중요한 의미를 지니게 되고, 처음으로 매우 가까운 이성 관계를 경험한다. 또한 신체에 변화가 일어나고, 인정받고 싶어하며, 정체성이 발달한다. 10대가 되면 미래에 대해 생각하며, 특히 어떤 직업을 선택해야 할지 고민한다. 정체성 발달에서 자기 자신과 다른 사람들을 위해 특별하고, 조화롭고, 책임감 있는 사람이 되는 것이 매우 중요하다. 그러면서 불안감과 불편한 느낌이 생겨날 수 있다. 정체성을 찾는 과정은 문화에 따라 서로 다르게 이루어질 수 있다.

원시민족 청소년들의 경우 앞으로 자신이 종족 안에서 어떤 역할을 하게 될지를 알려주는 입문식을 경험하게 된다. 그들은 풍습에 맞춰 비밀스러운 의식에 참석해야 하고, 결혼과 생계의 문제는 추장이 결정한다.

유럽 청소년들의 경우에는 어느 시점에 직장생활과 같은 특정한 과제를 실행해야 한다는 규정이 없다. 따라서 정체성을 찾는 과정은 성인이 되어서도 끝나지 않는다. 가까운 사람의 죽음이나 실직과 같이 힘든 사건은 자신의 정체성에 대해 다시 한번 생각해보는 계기를 제공한다.

이 시기에 사회적 관계도 새롭게 형성되어야 한다. 이때는 부모로부터 독립하는 것이 중요하다. 청소년은 부모의 가치와 생활방식으로부터 거리를 두며, 독립적이고 자기결정적인 삶을 원한다. 그로써 가족 관계가 변하게 된다. 이 시기에 갈등을 일으키게 되는 주요 원인은 옷차림, 행동, 또래 집단의 영향 등이다. 부모가 관심을 가지고, 그들의 말을 주의 깊게 듣고, 공감을 표시하면 좋은 관계가 형성될 수 있다.

이 시기에는 부모 외에도 또래 집단이 중요하다. 또래 집단 내에서 새로운 가치와 행동방식이 만들어지고, 그것을 받아들인다. 친구는 우정을 넘어 삶의 방향을 결정하는 데까지 영향을 준다. 집단이 강한 압력을 행사할 경우 자기 자신의 정체성 발달에는 제약이 있게 된다. 청소년기의 특징은 청소년문화가 형성된다는 것이다. 이것은 옷차림, 음악, 언어 등을 통해 표현된다.

5) 성인

'이제부터 성인이다.'라고 말할 수 있는 나이가 정해져 있는 것은 아니다. 성인의 특징은 부모로부터 독립적이라는 것이다. 성인의 발달 과정에서도 득과 실이 있다. 나이가 들면서 경험도 많이 쌓이고, 그로써 지혜도 늘어난다. 반면 신체적·정신적 퇴보도 생기게 마련이다. 노인들은 과거를 되돌아보는 경향이 강하다. 반면 젊은이들에게는 미래가 중요하다. 어느 시점부터 이러한 관점의 변화가 생겨나는 것일까?

나이가 들어서도 새로운 것들에 늘 열린 태도를 가져야 한다

성인의 중간 단계인 40~60세 사이에 대부분의 사람들이 사생활과 직장생활에서 목표를 이루게 된다. 이제 그들은 더 이상 젊은이에 속하지 않는다는 사실을 인식하게 된다. 육체는 나이가 들어간다. 직장에서는 최고 목표 지점에 도달하게 되고, 아이들은 독립해서 집을 나갔고, 파트너와의 관계는 이제 일상이 되었다. 이 시기에 반드시 중년의 위기를 거치게 되는 것일까? 어떤 연령대든 문제가 있고 커다란 변화가 있다. 18세에서 34세 사이에 부정적인 감정이 가장 높으며, 그 이후부터 65세까지 그런 감정이 서서히 줄어든다고 한다. 그리고 그 다음부터는 거의 변화가 없다. 우리는 나이가 들면서 부정적인 감정을 더욱더 잘 통제할 수 있고, 점점 더 긍정적인 감정에 집중할 수 있다.

어떻게 하면 성공적으로 늙어갈 수 있는가 하는 문제는 매우 흥미롭다. 그러기 위해서는 지금까지의 삶에 대해 만족하는 마음과 미래에 대한 전망이 있어야 한다. 성공적으로 늙어가는 사람들은 이전의 경험을 살려 현재 상황을 해결하고 미래의 목표를 발전시킨다. 행복하게 늙어가는 사람들은 긍정적이다. 또한 삶의 본질적인 것들에 집중한다. 만족스럽게 늙어가는 사람들은 다른 사람들과의 교류를 추구하며, 사회관계 안에서 사람들에게 도움을 주고받는다. 그들은 인식력 있게 늙어가려고 노력하며, 지난 인생 동안 습득한 활동에 집중한다.

노년에도 책임감 있는 업무를 계속해서 수행하는 사람들은 삶의 질을 높일 수 있다. 그럴 경우 인식력이 떨어질 가능성이 줄어든다. 자신이 어느 정도의 통제가능성이 있는가 하는 점도 마음의 평온에 영향을 미친다. 예를 들어 경제 문제를 안고 있는 사람은 만족감을 느낄 수 없으며, 우울증과 같은 정신적인 병이 생겨날 수 있다. 나이가 들어서도 활동을 하고 새로운 도전을 받아들임으로써 능률이 사라지는 것을 연기할 수 있으며, 그것을 대체할 수 있는 새로운 행동방식을 마련할 수 있다.

> **! 문화에 따른 갱년기**
>
> 서구 문명의 갱년기 여성들은 얼굴에 열이 오르고, 땀이 많이 나고, 불면증이 있다고 호소한다. 우리 문화에서는 갱년기를 부정적으로 생각한다. 여성에게 임신가능성이 사라졌다는 것은 나이가 들었다는 명백한 신호가 된다. 그러나 인도 여성들은 그러한 신체적인 증상을 보이지 않는다. 어쩌면 그들이 임신 가능한 때에 가족 외의 사람들과 사회적인 교류를 하지 못하도록 한 것이 중요한 역할을 하는 건지도 모른다. 폐경기가 시작되고 나서야 그들은 여러 가지 사회적인 상황에서 남녀가 함께 있는 것이 가능하다. 일본의 여성들 또한 갱년기의 신체적 증상을 보이지 않는다. 폐경기가 시작되면 일본 여성들은 나이든 현명한 사람으로 존경받고 더 많은 자유를 얻게 되기 때문이다.

10. 병리심리학

어떤 것이 병이 든 것이고, 어떤 것이 건강한 것인가? 육체적 질환의 경우에는 이를 판단하기가 비교적 수월하다. 아프다고 진단할 수 있는 증상과 의료적인 지침이 있다. 그러나 심리적 질환의 경우에는 그것이 쉽지가 않다. 어떤 사람이 정신적으로 건강하지 못하고, 그로 인해 고통스러워한다면 우리는 그를 정신적으로 병이 들었다고 생각한다. 오늘날에는 심리적 질환의 발생을 생물심리사회적 입장에서 설명한다. 이는 유전자, 뇌구조, 신체화학적인 과정 등의 생리적인 요소뿐 아니라 역할과 기대와 같은 사회적 요소와 스트레스나 트라우마 등의 심리적 요소도 중요한 역할을 한다는 것을 의미한다.

다음은 세 가지 정신질환인 불안장애, 정서장애, 식이장애를 소개한다. 세월이 흐를수록 이러한 질환을 가지고 있는 사람이 점점 늘어나고 있다.

1) 불안장애

불안은 사람이 느끼는 보편적인 감정에 속한다. 그러나 적합하지 않은 상황에서 불안감이 생기는 경우나 불안감이 너무 자주 혹은 너무 강하게 나타날 경우 삶에 부정적인 영향을 미칠 수 있다. 불안은 말, 생각, 두려움을 통해서만이 아니라 기피 등과 같은 행동을 통해서도 나타난다. 불안은 식은땀, 떨림, 높은 심장박동과 같은 신체적 증상이 동반된다. 불안장애는 일상생활시 커다란 장애를 일으키며, 광장공포증, 공황장애, 일반화된 불안장애, 특정 대상에 대한 공포, 대인공포 등으로 구분된다.

불안장애에는 여러 가지 대상에 대한 공포가 포함된다. 따라서 상황에 적합하지 않은 불안한 반응을 보인다는 특징이 있다. 그러한 문제를 가지고 있는 사람들은 불안을 극복하거나 줄이는 것을 불가능하다고 생각한다.

광장공포증이란 실외장소, 사람들이 밀집한 곳, 대중교통시설 등에 대한 두려움을 의미한다. 광장공포증이 있는 사람은 대개 집밖으로 나가거나, 쇼핑을 하러 가거나, 혼자서 버스나 기차나 비행기를 타는 것을 기피한다. 불안장애를 가진 대부분의 사람들이 공황발작이 일어날 경우 그런 상황을 벗어나지 못하게 될까 봐 두려워한다. 이러한 형태의 불안장애는 매우 부담스러운 일이며 일상생활에 큰 제약이 따른다.

공황장애는 특정한 상황과 연결시켜 제한할 수 없을 정도로 공황발작

광장공포증을 가지고 있는 사람에게는 적합한 장소가 아니다

이 계속해서 나타나는 특징이 있다. 공황발작은 보편적으로 갑자기 나타나며 다양한 증상을 동반한다. 빠른 심장박동, 어지럼증, 가슴통증, 질식할 것 같은 느낌, 죽거나 미칠 것 같은 두려움, 통제력을 잃을 것에 대한 두려움 등이 있다. 발작은 대체로 몇 분이면 끝나지만, 예외적인 경우에는 더 오래 걸릴 수도 있다. 심한 공황발작을 경험한 사람은 새로운 발작이 나타날 것에 대해 항상 두려워한다. 이것을 불안에 대한 불안이라고 한다. 이런 사람은 한번 공황발작이 일어난 적이 있었던 장소를 기피한다. 어떤 경우에는 집밖을 전혀 나가지도 못한다. 광장공포증과 공황장애가 합쳐진 결과이다.

일반화된 불안장애에서 나타나는 본질적인 증상은 불안이 오랫동안

천둥은 단지 중립적인 자극일 뿐이다

지속되며 어떤 특정한 상황에서만이 아니라 자유롭게 나타난다는 것이다. 여기에서도 지속적인 신경과민, 떨림, 식은땀, 어지럼증, 배의 통증 등의 신체적인 증상이 동반한다. 이들은 긴장된 근육, 불안, 불면 등의 고통을 호소한다. 두려움과 걱정에 집중하기 때문에 다른 일에 집중하지 못한다. 또한 본인 또는 가까운 사람이 병이 나거나 사고가 날 것 같다는 불안감을 자주 표현한다. 그들의 삶은 걱정과 불길한 예감으로 점철되어 있다.

특정 대상에 대한 공포에서는 특정 상황 또는 대상이 불안을 유발한다. 거미나 뱀과 같은 동물, 높은 장소, 천둥, 어두움, 피, 시험 등이 극단적인 불안감을 일으킬 수도 있다. 여기에서도 이미 앞에서 언급한 신체적 증상과 함께 그러한 불안감을 유발하는 대상이나 상황을 피하려고 노력하는 현상이 나타난다.

대인공포는 식사나 발표를 하는 도중에 많은 사람들 앞에서 창피한 행동을 하거나 망신을 당하는 등의 상황이 일어날 것에 대해 두려워하는 것이다. 이런 사람들은 사람들을 만나는 일을 기피하며, 극단적인 경우에는 완전한 고립을 선택한다. 대인공포는 많은 사람들 앞에서 발표를 하거나 이성과 만나는 등 특정한 상황에 대해 제한적으로 나타난다. 이러한 상황은 대부분 가족의 범위를 벗어났을 때 심각해진다. 대인공포를 가진 사람들은 보편적으로 자기가치 의식이 부족한 경우가 많으며, 비판에 대해 두려움을 가지고 있다. 또한 얼굴이 빨갛게 되고, 손이 떨리고, 속이 매스껍고, 소변을 보고 싶은 충동을 강하게 느끼는 증상을 보인다.

이미 앞에서도 언급했던 것처럼 심리적인 질환이 발생하는 데에는 여러 가지 요소가 함께 작용한다. 불안장애를 가져올 수 있는 상황 중 하나는 학습경험이다. 예를 들어 고전적 조건 형성이 불안을 일으킬 수 있다. 천둥번개나 거미같이 원래는 중립적인 자극이 두렵거나 괴로운 경험과 함께 나타나면, 그러한 중립적인 자극이 조건화된 자극이 되며 불안을 유발하는 것이다. 그러한 감정의 해결은 역조건 형성을 통해서만 이루어질 수 있기 때문에, 불안장애는 치료하지 않을 경우 오랫동안 지속된다. 두려운 상황을 피하거나 도피하는 것을 통해 불안을 줄일 수는 있다. 그렇지만 그러다 보면 특정 대상이나 상황에 대해 두려워하는 행동이 더욱 강해진다.

또한 불안은 관찰을 통해서도 배울 수 있다. 예를 들어 부모 중 한 명이 거미를 보고 무서워하는 반응을 보이는 것을 아이가 보게 된다면, 아이도 그것을 배우게 될 가능성이 매우 높다. 특정 대상에 대한 불안의 대상은 거미, 뱀과 같은 동물만이 아니라 닫힌 공간, 높은 곳, 천둥번개, 어두움 등에 대한 두려움도 포함한다. 그러므로 특정 대상에 대한 불안 중에는 이미 우리의 선조들에게 노출되어 있던 위험한 대상이나 상황이 불안을 유발한 경우도 있다. 어쩌면 뱀과 같은 특정한 대상에 대한 불안감이 인간의 진화과정에서 장점으로 작용하여 생존을 보장해주었기 때문에 그러한 불안을 더욱 발전시켰을 수도 있다.

그러나 불안의 발전은 사람들마다 차이가 있다. 이는 유전적인 요인에 의한 것일 수도 있다. 예민하고 쉽게 흥분하는 사람들은 다른 성격구조를 가지고 있는 사람보다 쉽게 불안장애를 발전시킬 수 있다.

> **? 알고 넘어가기**
>
> 미국의 9.11 테러 발생 후 8개월이 지난 다음 조사를 한 결과 여자들 중 34%, 남자들 중 19%가 그 사건 이후 빌딩에 들어가거나 비행기를 탈 때 이전보다 더 많은 불안을 느낀다고 하였다. 또한 2003년 초 연구 결과에서도 남자들보다 여자들이(57% 대 36%) 테러의 희생양이 될 수 있다는 불안감을 더 많이 가지고 있다고 인정하였다. 주변에서 일어나는 사건도 불안장애의 발생을 유리하게 할 수 있다. 불안장애는 여성에게 더욱 강하게 나타난다.

2) 정서장애

정서장애는 극단적인 기분이 된다는 특징이 있다. 정서장애를 가지고 있는 사람들은 우울증이 있어 극단적으로 침울하거나 조증(mania)으로 매우 격양되어 있다. 두 유형 모두 뇌종양 등과 같은 신체적인 질병이나 특정한 약과 약물을 복용한 후 나타날 수 있다.

우울증은 임신처럼 호르몬의 변화로 나타나는 경우도 있다. 우울증 환자들은 자기 자신, 자신의 환경, 자신의 미래에 대해 부정적인 관점을 갖는다. 게다가 죄책감과 열등감을 느낀다. 이런 장애를 가지고 있는 사람은 종종 불면증, 식욕부진, 집중력 부족 등을 겪는다.

반면 조증이 있는 사람들은 극단적으로 격양된 상태가 된다. 과도하게 활동적인 모습을 보이고, 끊임없이 말을 계속 하며, 쉽게 산만해진다. 또한 과도한 자기가치 의식과 환상을 가지고 있는 경향이 있다. 그들의 수면에 대한 욕구는 매우 제한적으로 나타나며, 다른 사람들과 상당히 거리를 두기도 한다. 우울증과 조증이 번갈아 오는 것을 양극성 장애라고 한다.

정서장애는 유전될 수 있다. 어떤 유전자가 이러한 질환의 발생에 관여하게 되는지를 알아내기 위해 많은 과학자들이 연구를 하였다. 유전자는 뇌에서 생화학적인 과정을 자극하고, 이는 또다시 행동에 영향을 미친다. 이때 신경전달 물질이 중요한 역할을 한다. 이것은 뇌에서 신경세포들에게 신호를 전달하는 전달체이다.

조증에서는 신경전달 물질인 노르아드레날린이 과도하게 분비되면서 과도한 흥분과 격양된 기분을 느끼게 한다.

반면 우울증에서는 노르아드레날린뿐 아니라 세로토닌이 부족한 경향을 보인다. 우울증은 생물학적 요인과 심리적 요인이 매우 밀접하게 연결되어 있다. 그러므로 부정적인 생각이 생화학적인 과정에 영향을 미치고, 그것이 다시 부정적인 생각을 강화시킨다.

또한 우울증의 발생은 자신의 실패를 어떻게 평가하는지에 따라서도 좌우된다. 우울증이 있는 사람들은 자신의 오류를 지속적·포괄적 현상으로 생각한다. 실패의 원인도 외부적인 요인이 아닌 자기 자신에게서 찾는 경향이 있다. 우울증은 이혼이나 실직과 같이 커다란 스트레스를 통해 자주 발생한다. 쉽게 우울증에 걸리는 사람들은 그런 일이 발생할 때마다 큰 자책감을 느끼는 경향이 있다. 위협적인 상황에서 그들의 자기가치 의식은 급속도로 줄어들고, 그러다 보면 부정적인 생각이 강하게 작용한다.

? 알고 넘어가기

양극성 장애는 특히 예술가들에게서 많이 찾아볼 수 있다. 게오르크 프리드리히 헨델(Georg Friedrich Handel, 1685~1759)은 약한 양극성 장애를 겪었다. 그는 3주 동안 지속된 조증의 시기에 네 시간짜리 〈메시아〉를 작곡했다고 한다.

로베르트 슈만(Robert Schumann, 1810~1856)은 2년 동안 지속된 조증을 겪으며 총 51편의 곡을 작곡했지만 심한 우울증을 앓았던 1844년에는 한 곡의 작품도 작곡하지 못했다.

게오르크 프리드리히 헨델

! 성별 간의 차이

문제가 생기면 여자들은 생각을, 남자들은 행동을 먼저 하는 편이다. 남자들은 일에 몰두하거나 술을 마시거나 텔레비전을 보면서 문제를 외면하려고 하는 반면, 여자들은 걱정하고 불안해하거나 우울해한다.

감정적인 사고에도 차이가 있다. 여자들은 부정적인 사건에 대해 생생하게 기억하며, 그로 인해 고민을 더욱 강화시킨다.

3) 식이장애

식이장애에는 거식증이나 폭식증 같은 섭식중독 등이 포함된다. 거식증의 장애를 가진 사람들은 갑자기 체중이 감소한다는 특징을 보인다. 이들은 날씬해지는 것에 강하게 집착한다. 음식물 섭취를 심하게 줄이고, 구토를 습관처럼 하고, 설사제를 자주 먹고, 과도한 운동 등으로 몸무게를 줄인다. 이런 장애를 가지고 있는 사람들은 몸매에 대해 잘못된 상(像)을 가지고 있으며, 체중미달 상태인데도 자기 자신이 너무 뚱뚱하다고 생각하는 경향이 있다. 식이장애를 가진 대부분의 사람들이 극단적으로 음식의 섭취량을 줄임으로써 영양실조에 걸린다. 그러다 보니 더욱 음식에 집착하게 되며, 그중에 10~15% 정도가 사망에 이른다. 아사하는 경우는 드물며, 대체로 몸이 약해진 상태에서 감염으로 사망하게 된다. 한참 성장하는 소녀들과 젊은 여자들에게서 이런 현상이 자주 나타난다.

반면 폭식증은 대체로 몸무게가 평범한 사람들에게서 나타난다. 발작적인 폭식이 한번 시작되면 짧은 시간 안에 엄청난 양의 음식을 섭취하고 나서 결국 토해버린다. 그러한 폭식과 폭식 사이에는 매우 절제된 식습관을 가지고 있다. 그 외에도 설사제를 이용해 몸무게가 느는 것을 막으려고 노력한다.

발작적 폭식은 대체로 스트레스를 받거나 불안한 상황에서 나타난다. 그럴 때 음식은 안정을 가져다주거나 문제를 잊어버리게 하는 역할을 하는데 잦은 구토로 식도에 염증이 생기거나 치아의 에나멜질에 손상이 생길 수 있다. 또한 탈모, 생리불순, 우울증, 약물과용, 술 과용 등의 증상이 나타날 수 있다. 섭식중독을 겪는 사람들은 식욕과 배고픔을 잘 구분하지 못한다.

폭식증이 발작적으로 나타나면 칼로리가 높은 음식을 엄청나게 많이 섭취하게 된다. 그 결과 과체중이 되고, 이는 새로운 건강상의 문제와 사회적 문제를 일으킨다. 식이장애는 정신적 장애의 한 표현이다. 그렇다고 한 가지 원인에 의해서 발생하는 것은 아니다. 이것은 유전적인 이유에 의해 생길 확률이 높다.

11. 직장심리학과 조직심리학

직장에서의 스트레스

우리는 많은 시간을 직장에서 보낸다. 단지 경제적인 보장만을 위해 일을 하는 것일까, 아니면 일을 하도록 동기를 부여하는 또 다른 요인이 있는 것일까? 직장은 사회적인 신분의 의미만 있는 것이 아니라 인성의 발달, 건강, 여가 활동에도 영향을 미친다. 직장심리학에서는 즐겁게 일을 하기 위해서 직장이 어떤 모습이어야 하는지, 새로운 테크놀로지 또는 유동적인 근무시간 등 근무조건의 변화가 직원에게 어떤 영향을 미치는지 등에 대해 다룬다. 또한 실직이 사람에게 어떤 영향을 미치는지에 대해서도 관심 있게 다룬다.

1) 노동 동기

노동 동기는 일에 대한 만족도와 매우 밀접한 관계가 있다. 자신의 일에 만족하는 직원은 보편적으로 높은 동기를 보이며, 좋은 성과를 낸다. 노동 동기에 대해서도 다양한 이론이 있다.

내용 이론은 한편으로는 한 사람의 욕구와 동기에 또 다른 한편으로는 외적·상황적 자극에 중점을 두고 있다. 여기에서는 일에 의한 심리적 이득이 매우 중요하다. 또한 내적인 동기를 부여하기 위해서는 의욕을 불러일으킬 수 있는 근무 조건의 의미가 강조되어야 한다. 내용 이론에는 이미 앞에서 언급했던 매슬로의 욕구단계설도 포함된다. 이는 근무 태도에도 적용될 수 있다. 내용 이론에 따르면 사람은 생물학적 욕구와 안전에 대한 욕구를 만족시키기 위해 일한다. 이러한 욕구가 충족되면 이제 사회적 욕구가 중심에 놓이게 된다.

사회적 욕구에는 다른 사람과의 협동작업과 일을 통한 사회 안에서의 위치 등이 포함된다. 이러한 욕구가 충족되면 존경과 인정에 대한 욕구가 생겨난다. 성장에 대한 욕구가 영향을 미치면, 사람들은 자아의 실현을 위해 일하게 된다. 반면 과정이론은 사람이 어떻게 자신의 목표를 달성할 수 있는지에 대해 설명한다. 과정이론은 가치-기대이론을 포함한다. 이 이론은 동기가 가치와 기대로 만들어진다는 것에서부터 출발한다. 그 중심에는 사건에 대한 기대, 수단에 대한 기대, 가치가 있다.

사건에 대한 기대는 자신의 근무활동이 특정한 사건에 영향을 미칠 수 있다는 것을 뜻한다. 즉 섬세한 작업을 통해 양질의 제품을 생산할 수 있는 가능성을 말한다.

수단에 대한 기대는 원하는 대가를 가져올 수 있는 결과에 대한 가능성을 뜻한다. 즉 질적으로 우수한 제품을 생산함으로써 높은 보수를 받을 수 있다고 기대하는 것을 말한다.

가치는 원하는 대가에 대한 주관적인 평가를 뜻한다. 즉 높은 이익이 자신에게 얼마나 중요한지를 말한다.

물론 동기는 욕구나 기대 등과 같은 내면의 요소에 의해서만이 아니라 외적인 근무 조건에 의해서도 좌우된다. 근무 환경이 열악한 경우에는 직원들의 동기도 약해진다. 동기를 높이기 위해서는 다양한 전략을 사용할 수 있다. 예를 들어 직원들의 책임 영역을 확대하거나 계획과 근무 성과의 평가에 대한 참여도를 높이는 방법이 있다. 또한 경제적인 보상도 동기를 높이는데 자극이 된다.

이미 앞에서 언급했던 것처럼 노동 동기는 일에 대한 만족도와 매우 밀접한 관계가 있다. 그렇다면 노동 동기로 일의 성과를 높이기 위해서는 어떻게 해야 하나? 일의 진행 과정에서 독자성을 가지고 있는 작은 팀을 구성하게 한 뒤 함께 일하게 하면 만족감을 높일 수 있다.

2) 스트레스

근로 조건과 근무 환경이 스트레스를 가져올 수 있다. 각각의 스트레스 요인을 어떻게 평가하는지는 사람마다 다르다. 어느 정도의 소음이 어떤 사람에게는 도저히 견딜 수 없는 것인 반면, 어떤 사람에게는 아무

흡연과 음주는 건강을 해친다

렇지도 않을 수 있다. 소음 외에도 너무 지나치게 많거나 또는 너무 적은 업무, 불안정한 직장이나 갈등 상황 등이 스트레스 요인으로 작용할 수 있다.

스트레스 요인에는 단기적인 결과를 가져오는 것도 있고 장기적인 결과를 가져오는 것도 있다. 단기적인 영향에는 신경과민, 예민함, 스트레스 호르몬의 과도한 분출 등이 있다. 장기적인 영향에는 정신적·신체적 통증, 불편함, 흡연, 운동부족, 과도한 음주, 약물 남용, 사회관계의 저해 등이 있다.

스트레스의 발생에 있어서 상황적인 요소와 개인적인 특징을 고려할 수 있다. 한 가지 상황을 두고도 사람에 따라 다양하게 해석되고 평가된다. 이처럼 상황에 대한 반응은 사람마다 다른 듯하다. 게다가 사람들은 서로 다른 극복 전략과 행동 능력을 가지고 있다. 그래서 어떤 사람에게는 새로운 근무 환경이 도전을 의미한다. 또한 그는 이러한 상황에 대응할 수 있는 적합한 전략을 가지고 있다. 반면 또 다른 사람에게는 그것이 도저히 견디기 힘든 일이며, 결국 병가신청을 하거나 신경안정제를 먹어야 하는 정도인 것이다.

일과 생활이 균형을 이룰 때 스트레스가 쌓이는 것을 피할 수 있다. 든든한 친구들과 안정적인 파트너 관계를 맺고 있는 사람은 직장을 잃었을 경우에도 좀 더 잘 대응할 수 있다. 직장과 가정을 모두 잘 이끌어 가는 것은 커다란 도전이다. 직장보다 가정에 감정적인 참여가 클 경우 삶의 질도 더욱 높아진다.

3) 직장에서의 신기술

직장에서의 신기술에 대해 사람마다 대응하는 게 다르다. 그것을 기피할 수도 있고, 무시할 수도 있고, 열정적으로 받아들일 수도 있다. 신기술을 얼마나 열린 마음으로 받아들이는지는 소속감에 의해서도 좌우된다.

한 조직의 집단은 지위, 경력, 비전 등에 따라 나뉜다. 한 조직 안에서 새로운 컴퓨터테크놀로지가 도입되면, 경영자, 기술자 그리고 그것을 사용하는 사람들은 그에 대해 서로 다르게 평가한다. 새로운 테크놀로지를 도입하는 것은 경영자가 결정한 일이며, 직원들은 어떤 사전 정보도 없이 그러한 사실 앞에 직면하게 된다.

반대 방향일 경우도 이러한 과정은 비슷하다. 직원들이 새로운 테크놀로지에 잘 적응하지 못하는 것에 대해 경영자에게 전달되지 않는 경우가 많다. 성공적으로 적응하지 못하는 것이 자기 자신의 책임이 될 것 같아 숨기기 때문이다. 신기술을 성공적으로 도입하기 위해서는 직원들을 잘 교육시키고 이를 습득할 충분한 시간을 주는 것이 중요하다. 문제 발생 시 언제든지 상의할 수 있게 능력 있는 책임자가 있어야 하며, 긍정적인 칭찬도 도움이 될 것이다.

4) 직원 선별

새로운 직원을 찾는데 능력뿐만 아니라 개인적인 특징도 매우 중요하다. 일반적인 인터뷰는 신뢰할 만한 수단이 아니라는 사실이 이미 여러 연구 결과를 통해 밝혀졌다. 그런데도 대부분의 기업이 인터뷰를 계속하는 것은 시간과 비용 때문이다. 대답을 평가하기 위해 표준 기준에 맞

춘 체계화된 인터뷰가 존재한다. 이런 인터뷰에서는 그 사람의 인성뿐 아니라 행동방식에 대해서도 질문을 하게 된다.

최근에는 지능 테스트, 집중력 테스트, 인성 테스트 등 심리 테스트가 점점 더 많이 시행되고 있다. 몇몇 직업군에서는 일단 인턴사원으로 채용한 후 결정을 내리기도 한다. 또한 평가 센터(Assessment Center)도 점점 더 확대되는 추세이다. 평가 센터의 프로그램에는 한 그룹의 지원자가 모두 참여하게 된다. 그리고 나서 여러 관찰자가 개인 및 그룹 테스트를 통해 지원자들의 행동을 관찰하고 기록한다. 이러한 과정은 짧아도 이틀 동안 진행되며, 이 기간 동안 지원자들은 강연, 프레젠테이션, 그룹 토론, 역할극 그리고 또 다른 다양한 심리 테스트에 참여하게 된다.

12. 시장심리학, 광고심리학, 소비자심리학

브랜드 이름은 여러 가지 특성과 개인적인 경험과 밀접한 연관을 맺고 있다. 한 제품에 대한 연상 작용, 감정, 명성과 함께 이미지가 만들어진다. 광고심리학에서는 제품이 얼마나 구매의도를 유발하며, 소비자를 그 제품에 얼마나 충실하게 만들 수 있는지를 중요하게 다룬다. 소비자의 구매를 자극하기 위해 심리적 메커니즘을 이용한 다양한 전략이 사용된다. 여기에는 인지 과정, 학습 과정, 기억 저장의 과정 등을 비롯해 사회심리적 요소 등이 포함된다.

1) 광고

대부분의 사람들은 감정적인 광고 메시지를 통해 그 제품을 사고 싶다는 영향을 받는다. 그와 관련해 'AIDA 광고효과 모델'을 볼 수 있다. 이는 네 단계로 이루어져 있다.

첫 번째 단계(Attention)에서는 관심을 불러일으키며, 두 번째 단계(Interest)에서는 고객이 제품에 관심을 갖게 만든다. 세 번째 단계(Desire)에서는 그 제품을 가지고 싶다는 마음이 들게 만들며, 네 번째 단계(Action)에서는 결국 그 제품을 사게 한다. 그러므로 광고는 매우 다양하고 복잡한 과정이며, 종종 심리적인 수단이 사용된다. 광고는 기억에 저장되고 긍정적인 감정을 불러일으켜야 한다. 그래야만 구매에 대한 관심이 상승하게 된다. 광고는 구매만 유도하는 게 아니라 그 제품에 계속해서 충실할 수 있도록 만든다.

광고가 어떻게 인지되는지 그리고 얼마나 마음에 와 닿는지는 소비자의 내적인 참여도에 의해 좌우된다. 이를 '관여도'라고 한다. 예를 들어 새 침대를 사고자 하는 욕구가 있을 때, 가구 광고는 관심을 불러일으킬 것이다. 관여도의 정도는 정보처리에 깊은 영향을 미친다. 관여도가 높을 경우에는 적극적으로 정보를 찾게 되는데, 대체로 다른 사람들에게 물어보게 된다. 관여도가 낮을 경우에는 정보를 찾는 일이 제한적이다. 다른 사람들도 그들의 행동에 큰 영향을 미치지 못한다. 정보를 깊이 있게 처리하지도 않게 된다. 단순한 관심에 따라 그 제품을 시험해보는 과정이 있을 수 있다.

또 다른 형태로는 제품 관여도가 있다. 즉 한 제품이 관여도에 얼마나 영향을 미치는지를 말한다. 이는 사탕 한 봉지를 살 때보다 컴퓨터를 구매할 때 더욱 높아진다. 잠재적인 소비자가 상품을 구매하는 것은 실수이며 그로 인해 안 좋은 결과를 가져올 것이라는 느낌이 들면 관여도는 높아진다. 또한 판매행사나 박람회 등도 관여도를 높일 수 있다.

광고는 자신의 브랜드에 소비자가 충실하게끔 노력한다. 광고가 사람들에게 인지되기 위해서는, 이미 잘 알려진 회사의 로고나 익숙한 색의 조합을 통해서 짧은 시간 안에 정보를 전달해야 한다. 그로써 소비자가 그 제품을 전혀 사고 싶지 않았더라도 소비자의 관심을 계속해서 유발해야 한다. 어린아이들의 모습이나 에로틱한 장면 등과 같이 시선을 사로잡는 것들이 관심을 유발한다. 또한 광고의 크기와 위치도 중요하며, 집중적이고 화려한 색깔도 장점으로 작용한다. 광고 메시지를 움직이면서 보여주는 광고 형태도 관심을 유발한다.

이러한 점들이 조합되었을 때 광고가 소비자에게 인지될 가능성이 높아지는 것이다. 잠재의식에 도달하는 광고 메시지의 경우 결코 과소평가할 수가 없다. 예를 들어 어떤 제품이 드라마에서 부각되면, 소비자들이 그것을 주의 깊게 관찰하지 않더라도 그로부터 영향을 받게 된다.

> **! 잠재적인 인식**
>
> 잠재적인 광고 메시지가 소비행위에 영향을 미칠 수 있는지에 대한 연구가 있었다. 15분에 걸친 실험에서 네 개의 실험집단에게 'Coke', 'Drink Coke' 등의 잠재적 자극과 비잠재적인 자극을 제공했다. 'Coke', 'Drink Coke'가 잠재적으로 제공되었을 때 피실험자들이 느끼는 갈증은 증가했다. 피실험자들에게 의미 없는 철자의 조합들을 보여주었을 때에는 이런 현상이 나타나지 않는다. 그러나 'Coke'를 비잠재적으로 제공했을 때에는 갈증의 느낌이 증가했다.

2) 광고에서의 학습과 정보 저장

광고는 가능한 한 기억에 긍정적으로 남아야 하며 구매 행동에 오랫동안 영향을 미쳐야 한다. 광고가 계속해서 반복되면 장기기억에 저장될 가능성이 높아진다. 광고는 초기에 대량으로 제공되다가 서서히 그 빈도가 줄어든다. 그렇게 함으로써 장기적인 저장이 보장되는 것이다. 조금씩 변형된 광고를 여러 개 만들어 보임으로써 소비자가 반복되는 광고를 지루하게 생각하거나 그 제품에 대해 부정적으로 생각하는 것을 방지해준다. 학습은 새로운 것에 의해서도 영향을 받는다. 뭔가 놀라운 것이 제공되면 정보는 더 빠르게 장기기억에 도달하게 된다. 게다가 여기에 감정적인 자극이 추가되면, 장기기억에 저장되기 충분하다. 이미 앞에서도 언급했던 것처럼 광고에서는 고전적 조건 형성의 과정이 사용된다. 즉 긍정적인 감정을 유발하는 자극과 함께 제품을 선보이는 것이다.

몇몇 광고에서는 조작적인 조건 형성이 사용되기도 한다. 제품을 구매하면 보상을 받게 될 것이라고 생각하게 만든다. 즉 향수를 사는 것이 자신의 매력을 더욱 높여줄 것이라고 생각하는 것이다. 광고에 유명한 사람들이 등장하면, 그들은 모범 기능을 한다. 또한 대부분의 소비자에게 호감 가는 성공적인 사람들로 평가된다. 그리고 사람들은 그 모델의 행동을 배우고 싶어한다. 예를 들어 미하엘 슈마허가 자동차 광고를 하면, 소비자들은 그 제품이 좋을 것이라고 여긴다.

광고가 장기기억에 저장되면, 구매 시 이러한 내용을 쉽게 꺼내올 수가 있다. 오늘날 너무나 많은 제품이 제공되기 때문에, 자극의 홍수가 해로울 정도이다. 그러므로 오늘날 광고는 정보를 쉽게 불러올 수 있도록 도움을 준다. 사랑하는 연인과 함께 제품을 광고하게 되면, 소비자들에게 긍정적인 감정을 유발할 뿐 아니라 그 제품을 쉽게 알아볼 수 있게 된다. 사랑의 경험에 대한 기억을 떠올리게 되고, 그로써 소비자는 제품을 기억하게 되는 것이다. 그러나 그 제품의 구매 여부는 수많은 제품들 속에서 그 제품을 찾을 수 있는지, 그 제품의 가격이 예상과 일치하는지 등에 의해 결정된다.

3) 사회심리적 관점

주위 집단으로부터 받는 압력과 같은 집단화 과정도 소비 태도에 매우 중요한 역할을 한다. 특히 청소년에게 집단으로부터 인정받기 위해 특정 브랜드의 옷이나 전자제품을 소유하는 것은 매우 중요한 의미를 지닌다. 또한 오피니언리더가 무엇이 멋지고 무엇이 멋지지 않다고 정의함으로써 다른 사람의 행동을 결정할 수 있다. 오피니언리더는 많은 사회적 교류와 정보를 가지고 있다. 그들은 조언하기를 좋아하며, 매우 높은 자의식과 현재 사건들에 관심이 많다.

광고를 위한 무상 샘플 제공도 구매행동에 영향을 미친다. 무상 샘플을 받은 소비자는 미안해하며 그에 대한 보상을 해야 한다고 생각한다. 그래서 무상으로 제공받은 샘플이나 크리스마스카드 등은 매우 좋은 판매 전략이 된다. 하레 크리슈나 종파에서는 기부금을 모으기 위해 한동안 이런 방법을 사용하였다. 그들은 사람들에게 해바라기 꽃을 건네면서 그에 대한 대가를 요구하였다. 이러한 압력은 기부금이라는 명목으로 순화되었다.

판매에는 또 다른 전략이 사용된다. 즉 구매에 대한 욕구를 높이기 위해 판매자들은 제품 물량이 얼마 남지 않았다고 주장한다. 이러한 전략은 소비자가 구매를 주저하고 있을 때에도 사용된다. 자동차를 사고 싶지만 결정을 못하고 있을 경우 이 시리즈의 마지막 모델이라는 말을 하면 빨리 결정을 내리게 할 수 있다. 게다가 이 자동차가 원래는 다른 고객이 예약했던 것이라고 말을 하면 곧바로 차를 살 확률이 높다.

광고 전략과 판매 전략은 서로 합쳐진 형태로 나타날 수 있다. 판매자는 소비자가 현재 어떤 단계에 있는지를 파악하고 그에 적합한 전략을 선택하기 위해 많은 경험과 섬세함이 필요하다. 게다가 판매자가 매력적이고 호감 가는 사람이라면 소비자는 더욱 쉽게 구매를 하게 될 것이다.

이 모든 요소 외에도 마케팅이 결정적으로 중요하다. 따라서 목표 집단이 어떤 사람들이고 그들에게 어떻게 접근할 수 있는지를 아는 것이 중요하다. 판매의 성공은 결국 상품에 의해 좌우되기 때문에 시장에서 자리를 잡을 수 있는 좋은 제품이어야 한다. 여기에서는 가격도 중요한 역할을 한다. 그리고 제품을 개발하는데 많은 투자를 하기 때문에 그 제품이 소비자에게 받아들여지지 않을 위험성을 최소화하기 위해 미리 시장연구를 하기도 한다.

13. 환경심리학

환경심리학은 심리학에서 아직 잘 알려지지 않은 분야이다. 환경심리학은 환경 안에서의 삶의 질 또는 환경보호와 관련된 인간의 행동 등의 테마와 밀접한 관계를 맺고 있다.

이러한 홍수는 작은 자연참사에 속한다

1) 환경심리학의 일반적인 관점

환경심리학에서는 인간과 환경 간의 상호작용에 대해 다룬다. 사람의 행동은 환경에 큰 영향을 받는다. 반대로 사람이 환경을 자신의 욕구에 맞게 바꿈으로써 환경에 영향을 미치기도 한다. 그러므로 사람과 환경은 항상 서로 결부된 존재로 보아야 한다. 자연사가 얼마나 심각하게 받아들여지는가 하는 문제는 그 사건이 얼마나 많은 사람에게 피해를 주었는가에 따라 달라진다. 홍수가 나서 사람에게 피해를 일으켜야만 비로소 참사로 인정하는 것이다.

환경심리학에서 중요하게 다루는 것은 환경계획과 환경설계이다. 그 외에도 환경이 어떻게 인지되고, 판단되고, 평가되는지에 대해서 다룬다. 소음이나 더위 또는 사람들의 이동성 등 환경적인 스트레스 요소도 관심 있게 다룬다. 부족한 자원에 대한 서로 다른 태도에서 발생하는 사회적 갈등, 환경의식의 변화와 생성, 환경보호적 행동 등도 환경심리학의 테마가 된다. 그러므로 환경심리학에서는 사람들이 잘 알고 있으면서도 삶의 바탕이 되고 있는 환경을 계속해서 파괴

기능주의의 원칙에 따라 세워진 건물 구조

하는지에 대해 관심을 갖는 것이다. 즉 환경의식과 환경의식적인 행동 간의 관계에 관심을 갖는다. 또한 심리학은 항상 참여가능성에 대해 의문을 갖기 때문에, 어떻게 사람들이 환경의식적인 행동에 접근하게 되는지, 사람들 간의 커뮤니케이션이 개선될 수 있는 방법은 무엇이 있는지에 대해서도 중요하게 다룬다.

2) 주거 환경

집은 사람에게 과소평가할 수 없을 만큼 큰 영향을 미친다. 집의 크기, 구조, 상태 등은 집의 질을 결정하는데 매우 중요하다. 아이들은 집을 통해서 그곳이 안락함과 도피의 장소라는 첫 번째 인상을 경험하게 된다. 집 자체는 개성에 대한 표현이다. 집의 모습뿐만이 아니라 집이 어떤 환경—주위 환경, 건물 전체, 위치, 도시 전체의 환경 등—속에 있는지도 중요하다. 사람들은 주거 환경과 자신을 동일시하며 감정적인 소속감을 발전시킨다. 지역에 대한 소속감은 주거 환경 안의 사회적인 관계에 의해서도 좌우된다. 그 지역에서 사회적 교류를 갖지 않는 사람은 보편적으로 그곳을 고향처럼 느끼지 못한다.

주거 조건은 건강에도 영향을 미친다. 어둡고, 벽이 얇고, 방이 작을 경우에는 심리적·신체적 문제를 유발하기가 쉽다. 한집에서 얼마나 많은 사람이 함께 사는지, 얼마나 안락한지도 중요한 역

대도시의 모습 - 로스앤젤레스

할을 한다. 개개인이 자기 자신을 위한 공간이 충분하지 않다는 느낌을 갖게 되면 이는 답답한 느낌, 소위 크라우딩(crowding)으로 이어지게 된다. 밀도는 환경 안에서 사람들 간의 교류가 어떻게 이루어지는지, 개개인이 자신의 환경을 위해 무엇을 하는지 등에 의해서도 영향을 받는다. 주위 환경 안에서 사회적 관계가 발전할 수 있는지 없는지는 주변 집들의 배열과 집 자체에 의해 좌우된다.

3) 도시심리학

도시에는 다양한 주거 환경이 존재한다. 생활과 환경 조건을 개선하기 위해 편안하고 호화롭게 꾸민 공간이 있다. 이처럼 긍정적으로 구성된 공간이 삭막한 도심이나 도시 외곽에 있다. 도시화를 통해 수많은 사회적 교류가 생겨나기도 한다.

주거 계획과 지역 계획은 적은 소음, 안전성 등 근본적인 심리학적 환경 욕구에 대해서도 고려한다. 또한 주거 밀집도 중요한 역할을 한다.

도시 형성을 위해 많은 자연이 사라졌으며, 공공 녹지대, 작은 정원, 애완견 등을 통해 사람들은 자연을 조금 더 가까이 하기 위해 노력한다.

4) 시간의 경험

도시화로 인해 시간에도 변화가 생겼다. 사람들은 유동적이고 가동적이 되었고, 삶은 역동적이 되었다. 시골과는 달리 도시에서는 계절이 큰 영향을 미치지 못한다. 증가한 가동력은 생리적·심리적 문제를 가져올 수 있다. 비행기를 타고 비교적 짧은 시간 안에 세상 어느 곳이든 도달할 수 있게 되었고, 그로써 여러 시간대를 한꺼번에 뛰어넘는 것이 가능하

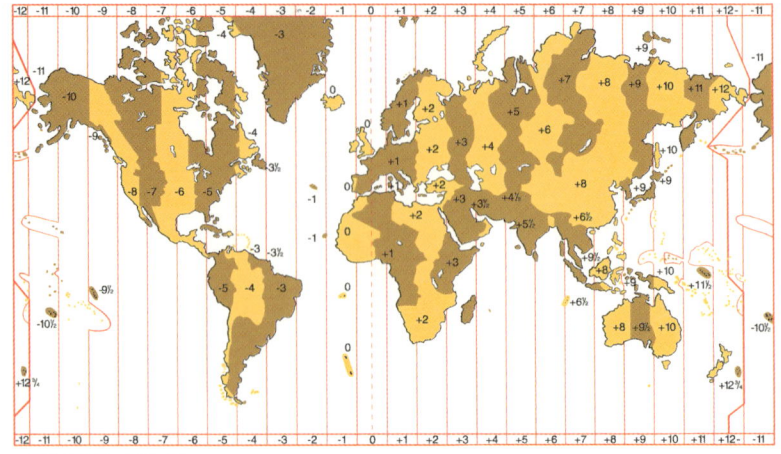

지구상의 동일 표준시 지역

게 되었다.

그러나 이러한 속도를 뛰어넘어 사는 데에는 시차적응 문제처럼 그 대가가 따른다. 일상생활에서 교통수단 없는 생활은 상상조차 할 수 없게 되었다. 직장까지 가기 위해 오랜 시간이 걸리는 경우도 많다. 교통 정체는 이제 일상이 되었다. 게다가 대중교통에는 위험이 숨어 있다. 수많은 사람들이 교통수단을 이용하는 도중 사망하거나 치명적인 부상을 당하기도 한다.

5) 여가 시간

기술화가 되면서 직장에 앉아 있는 시간이 많고, 신체적인 활동을 하는 일이 줄어들었다. 그러므로 많은 사람들이 여가 시간에 운동을 하려고 노력한다. 극한 스포츠를 통해 마지막 남은 자연공간인 땅, 바다, 하늘도 정복하게 되었다. 매우 큰 위험이 있는데도 에베레스트 산에 오르는 사람들이 점점 더 증가하고 있다. 도시인은 정복되지 않은 자연에 대한 그리움을 가지고 있는데, 이는 심리적으로 자연적인 삶의 환경을 잃은 것 때문에 나타난 특징으로 볼 수 있다. 근원적 자연에 대한 추구는 자신의 근원에 대한 추구인 것이다.

에베레스트 산

6) 환경 문제에 의한 심리적 영향

환경 문제는 음식 등을 통해 사람에게 직접적으로 흡수됨으로써 심리적인 영향을 미칠 수 있다. 또 다른 한편으로는 전달을 통해 영향을 미칠 수도 있다. 즉 직접적인 경험, 자극적인 피부에 의한 감각, 대중매체나 친구들과 대화를 통한 간접적인 경험을 통해 전달하게 되는 것이다.

신체적으로 받아들이게 되는 환경의 영향에는 세 가지 종류가 있다. 그것은 식물성 성분과 같은 생물학적 영향, 금속과 같은 화학적 영향, 자외선 또는 방사능 등과 같은 물리적 영향이 있다. 이러한 환경의 영향은 기관지, 피부, 위장 기관 등을 통해 받아들이게 되며, 신체적 문제뿐 아니라 정신적인 문제도 가져올 수 있다.

환경심리학에서는 심리적으로 전달된 환경의 영향을 스트레스 모델과 함께 설명한다. 환경에 의한 스트레스 요인에는 너무 높거나 낮은 온도, 사람들의 밀집, 자연 참사, 소음처럼 지속적인 환경 문제 등이 포함된다.

원자력 발전소

소위 상호작용적 스트레스 모델에 따르면, 스트레스는 삶으로부터 받는 요구 그리고 그러한 요구를 해결하기 위해 필요한 사람과 자원 간의 불균형에 의해 생겨난다. 여기에서 중요한 것은 상황을 어떻게 평가하는가 하는 것이다.

처음에는 1차적인 평가를 하게 된다. 예를 들어 많은 오존량에 대한 보고가 있을 경우, 우리는 자기 자신의 관점에서 상황에 대해 의미평가를 내리게 된다. 이러한 상황은 사람에 따라 전혀 중요하지 않거나 괜찮거나 스트레스 상황으로 받아들여진다. 큰 스트레스로 평가될 경우, 그것은 위협이나 도전의 의미를 갖게 된다.

그 다음에는 2차적인 평가를 하게 된다. 여기에서는 자신이 해결할 수 있는 가능성에 대해 판단, 평가, 선택을 하게 된다. 또한 상황에 대응할 수 있도록 모든 개인적 · 사회적 자원을 모으게 된다.

그 다음 시기에 새로운 평가가 따르게 되는데, 이때 자신이 선택한 해결 전략에 대한 상황과 효율성에 대한 평가가 있게 된다. 또한 자신이 받게 되는 부담이 어느 정도인지에 대해서도 파악하게 된다.

환경의 스트레스 요인에는 여러 가지 종류가 있다. 그중에는 원자력 발전소에서의 사고와 같이 많은 집단이 겪는 참사도 있다. 또한 일상생활에서 일어나는 일들 중에 긴장이나 화를 불러일으키는 것도 있다. 그것은 만원 버스일 수도 있고, 옆집에서 벌어지는 파티일 수도 있고, 직장에서의 싸움일 수도 있다. 소음이나 악취 등의 스트레스 요인이 나타날 수도 있다. 전 세계적인 환경 문제도 스트레스 요인에 속한다.

환경 문제로 호르몬의 불균형, 높은 혈압, 높은 호흡의 빈도, 근육 경직 등과 같은 신체적인 문제가 생길 수 있다. 또한 정보 전달이나 이산화탄소를 신체에 흡수함으로써 불안이 생겨날 수 있으며, 환경 문제에 대한 직접적·간접적인 인식을 통해서도 불안이 생겨날 수 있다. 소음과 같은 문제는 집중력을 떨어뜨리고, 여러 가지 신호를 인식하는데 장애를 가져온다.

그와 마찬가지로 사회적인 행동도 환경 문제에 영향을 받으며, 그것이 공격성, 적대감, 비협조적인 행동에 이를 수 있다. 소음에 의해 사람들과 대화를 나누는 것도 힘들 수 있다. 또한 신체에도 영향을 받게 되며, 지속적인 소음일 경우 두통을 가져올 수 있다. 환경에 의해 피부암이나 난청 등과 같은 질병과 같은 신체적인 문제가 발생할 수 있다.

? 알고 넘어가기

악취는 산업, 농업, 교통, 자연, 인간의 활동 등에 의해 생겨날 수 있다. 많은 사람들이 악취로 생활에 방해를 받는다. 그 결과 신경과민, 수면장애, 몽롱함 등을 겪을 수 있다. 반면 좋은 냄새는 편안하게 해준다. 악취가 지속되면 능률뿐 아니라 분위기 저하, 불안, 피곤함 등이 나타날 수 있다. 게다가 악취는 건강과도 연관이 있다.

7) 참여 가능성

환경의식적인 행동을 촉진하는 데에는 다양한 방법이 있다. 그중 하나는 환경에 대한 태도를 바꾸도록 영향을 주는 것이다. 예를 들어 바람직한 태도를 수월하게 하고 바람직하지 않은 태도를 어렵게 하는 기술

쓰레기더미

적인 변화가 있을 수 있다.

분리수거함을 쉽게 접근할 수 있게 해놓거나 화장실에 물 절약을 위한 버튼을 설치하는 등의 방법을 통해 환경의식적인 행동은 촉진될 수 있다.

바람직하지 않은 행동을 어렵게 하는 예로는 낮은 층일 경우 엘리베이터 사용을 불편하게 하려고 엘리베이터 문이 닫히는데 시간이 좀 더 걸리게 해놓는 것이다. 그로써 여러 층을 오르내릴 경우에만 엘리베이터를 이용하는 것이다.

또한 조작적인 조건 형성의 의미에서 물질적인 보상이나 처벌을 하는 것도 환경의식적인 행동을 촉진할 수 있다. 빈 병을 반납했을 때 돈을 주는 시스템은 환경의식적인 행동에 대한 보상이다. 금전적인 보상에는 환경의식적인 행동을 위한 내적인 동기가 없다. 그러므로 금전적인 자극이 항상 존재해야 한다.

금전적인 보상과 처벌은 서로 밀접하게 연결되어 있다. 예를 들어 쓰레기의 양에 따라 요금을 부과하게 되면, 양을 줄이는 가정은 보상을 받게 될 것이고, 많은 양을 만들어내는 가정은 처벌을 받게 되는 것이다. 또 다른 처벌로 금지나 벌금의 방법이 있지만, 이는 높은 비용 문제로 드물게 사용된다.

환경의식적인 행동을 촉진할 수 있는 또 다른 방법으로는 사람들에게 직접적으로 다가가 그들의 지식, 관점, 행동을 바꾸려고 노력하는 것이다. 환경 문제에 대해 알리는 방법도 많이 사용된다. 예를 들어 온실효과와 같은 환경 문제를 알림으로써 에너지 사용을 할 때 직접 연결시킬 수 있게 된다. 이때 어떤 행동이 바람직한지에 대해서 설명해야 한다. 위의 예와 관련해서 말하자면, 보일러 사용을 절약하는 것이 바람직한 행동일 것이다.

대체로 지식의 전달은 팸플릿을 통한 글의 형태로 이루어진다. 글을 통한 전달의 또 다른 방식은 특정한 행동을 촉진하거나 금지하는 방법이 있다. 자신의 행동이나 그 결과에 대한 피드백을 해주는 것도 좋은 방법이 된다. 몇몇 선택된 가정에 현재의 에너지 사용이 지난 3년 동안 같은 달의 사용에 비해 높은지 또는 낮은지에 대해 보고하였다. 이러한 에너지 사용에 대한 보고를 통해 에너지 사용이 전체적으로 줄어들었다고 한다. 그러므로 지식의 전달은 태도 변화에 결정적인 영향을 미친다. 특히

독일에서의 쓰레기 분리 수거함

행동을 어떻게 바꿀 수 있는지 그리고 어떤 대안이 있는지를 전달하는 게 중요하다.

또한 사람들에게 환경의식적인 태도를 자극하기 위해 환경 문제를 알리는 것도 중요하다. 문제와 행동의 대안에 대한 지식은 사적인 대화를 통해서도 전달될 수 있다. 이때 사회적인 규범도 동시에 전달된다. 그 외에도 자기책임의 전략이 사용될 수 있다. 사람들에게 문서나 구두로 재활용 종이를 모으는 등 특정한 행동에 대한 책임이 있다는 사실을 전달하는 것이다. 여기에서도 사회화 과정이 작용하게 되는데, 그들이 다른 사람이나 기관에 대해 의무를 갖기 때문이다. 그로 인해 행동에 장기적인 영향을 미치는 강한 내적인 통제가 생겨난다.

태도 변화를 위해서 사회적인 모델이 이용될 수도 있다. 즉 모델들이 바람직한 행동방식을 솔선해서 보여주는 것이다. 이러한 방법을 통해 분명한 행동의 변화를 가져올 수 있다는 사실이 많은 연구 결과에서 밝혀졌다. 그 지역의 리더를 이용하는 것도 비슷한 효과가 있다. 어떤 지역의 집단이 재활용을 잘하는 등 바람직한 행동을 보이는 사람들을 선별한다. 그리고 그들에게 분리수거, 수거 날짜 등에 대한 정보를 제공하고 그와 관련해서 질문이 있을 경우에는 언제든지 연락할 수 있는 역할을 맡기는 것이다.

14. 정치심리학

이 세상 어느 곳에나 권력을 가지고 지배를 하거나 다른 사람에게 폭력을 행사하는 사람들이 있다. 가해자의 폭력 행위가 피해자에게 어떤 결과를 가져다줄까?

한 사회의 지배적인 관습과 제도는 그 사회의 모든 구성원들에게 영향을 미친다. 사회적 규범은 질서와 안정뿐 아니라 방향을 제공하지만 또 다른 한편으로는 사람들을 구성하고 훈련하고 금지시킴으로써 그들에게 압력을 행사하기도 한다. 그렇다고 개개인이 반드시 사회에 의해 조정되는 것은 아니다. 성격이나 개인사에 따라 사회적인 규칙을 거부하고 저항하는 사람도 있다.

자율성, 비판력, 자의식 등이 얼마나 강한지는 역사적·사회적 조건에 의해 달라진다. 그러므로 모든 질병은 개인의 운명뿐 아니라 사회적인 조건에 의해서도 생겨나는 것이다. 정치 심리학은 권력과 지배의 관계와 정치적·사회적 문맥 안에서의 각 개인의 감정, 가치관, 신념, 행동 등에 대해서 중요하게 다룬다. 또한 외국인 혐오나 증오 등이 어떻게 생겨나게 되며, 전쟁을 일으키는 것이 진정 인간의 본성에 속하는가 하는 등의 질문과 시민의 참여의식과 문화 간의 갈등 등에 대해서도 다룬다.

1) 정치와 정치기관에 대한 신뢰감 상실

정당, 정치인, 정치 전반에 대한 사람들의 신뢰감은 크게 줄어들었다. 최근 몇 년 사이에 거의 모든 민주주의 국가에서의 선거 참가율은 감소하였다. 정당은 당원들을 많이 잃게 되었다. 어떤 요소가 그러한 변화를 더욱 부추겼는가 하는 의문이 제기된다.

원인을 꼽자면, 사회적인 관계의 분리와 깊은 연관이 있는 개인화 경향이 널리 퍼져 있기 때문이라고 할 수 있다. 또한 글로벌화로 사람들이

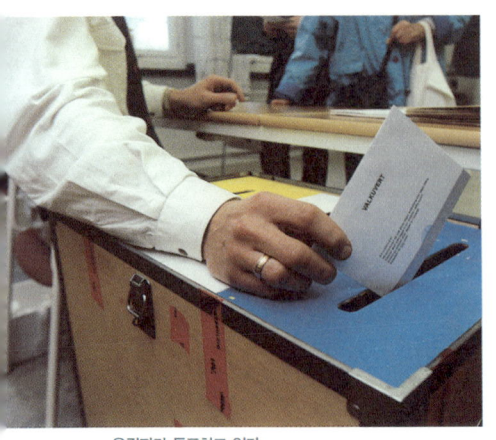
유권자가 투표하고 있다

자신의 삶의 환경을 다른 사람과 비교하고, 지식을 쉽게 얻을 수 있게 된 것도 원인이다.

그것을 통해 사회적인 실생활을 계속해서 평가하고, 몇몇 전통은 버리게 되는 것이다. 사람들은 계속해서 결정에 대한 압력을 받는다. 이로 인해 확신을 갖지 못하게 되고, 정치에 대한 신뢰감마저 잃을 수 있다. 점점 더 복잡해지는 삶의 조건으로 정치는 더 이상 사람들을 만족시키거나 안정감을 전달할 수 없게 되었다.

글로벌화도 국민의 신념에 영향을 미친다. 사회적·정치적 구조는 더욱 복잡해졌다. 한 국가의 정부가 단독으로 결정을 내리는 게 아니라 좀 더 높은 위치에 있는 기관에 의존하는 형태가 되었다. 그럼으로써 이제는 더 이상 정치를 파악하기가 쉽지 않다. 그런 이유로 정치와 정치기관에 대한 신뢰감이 더욱 줄어들었다. 게다가 경제적인 침체가 확대되고 세계적인 경쟁을 통해 실업률도 증가하면서 개인의 불만이 많다 보니 신뢰감도 줄어들었다. 그렇다면 어떻게 신뢰감을 회복할 수 있을까? 예를 들어 정치적인 접근이 개인의 불확신을 줄이고 방향을 정하는데 도움을 줄 것이다. 글로벌화가 어떤 변화를 가져올 것인지 그리고 정부의 기능과 영향력에 대해서 국민에게 투명하고 이해하기 쉽게 알려주는 것이다. 폭넓은 지식은 이러한 과정과 변화를 활성화하고 그에 참여할 수 있게 해준다.

청소년을 자세히 관찰하면, 정치에 대한 신뢰부족뿐만이 아니라 또 다른 요소를 가지고 있다는 사실을 알 수 있다. 오늘날의 청소년은 발전하는 것이 더욱 어렵게 되었다. 우리가 의존할 수 있는 보편적인 규칙이 점점 사라지고 있기 때문이다. 개인이 자신의 행동을 책임져야 하고, 삶은 더 이상 예측할 수 없게 되었다. 연관관계를 인식하는 건 더욱 어려워졌다. 청소년의 정치적인 참여가 부족한 것은 우선 방향성 상실에서 그 원인을 찾을 수 있다.

또한 정치가 삶과 긴밀한 관계를 잃은 것, 사회적인 과정에 참여 가능성이 적어진 것도 원인이 된다. 참여 가능성을 높이기 위해서는 좀 더 많은 정보 전달이 필요하다. 이는 이해를 돕고, 참여에 대한 자세에 영향을 미친다. 또한 청소년들은 정당의 프로그램보다는 정치인 자체에 더 큰 가치를 둔다. 이러한 개인화와 청소년의 관심사에 대한 적극적인 접근을 통해 청소년을 만족시킴으로써 정치적인 활동을 유도할 수 있다. 청소년을 위한 또 다른 중요한 요소로는 대중매체가 있다. 특히 텔레비전은 지식의 전달과 방향성을 위한 중요한 도구이다. 정치적인 내용에서 인터넷도 중요하다. 청소년들이 정치에 대해 어느 정도의 신뢰감을 가지고 있는지는 정보를 전달하는 대중매체의 종류에 의해 좌우된다.

2) 외국인 혐오

외국인을 혐오하는 사람들에게서는 나르시즘적 성격이 강하게 나타난다는 사실을 많은 연구를 통해 확인할 수 있다. 그들은 폭력 행위를 통해 깨지기 쉬운 자기가치 의식을 고정하려고 노력한다. 또한 전능과 우월에 대한 환상이 자기 자신의 종족 우상화를 통해 표현된다. 외국인 혐오가 생겨나는 데에는 그 사회에 전달되는 행위 모델이 중요한 역할을 한다.

이미 앞에서도 언급했던 것처럼 한 집단에 속한 사람들은 자신의 집단을 높이 평가하고 다른 집단을 낮게 평가하는 경향을 보인다. 이는 사고 과정과 결정 과정을 단순화하기 위한 경향에서 생겨난 것이다. 이를 위해 스테레오타입이 사용되며, 그것을 통해 다른 사람들을 평가하고 그들을 특정 범주에 포함시키는 것이다. 예를 들어 어떤 사람을 적이라는 범주에 포함시켰을 때, 그에게 모든 부정적이고 바람직하지 않은 특성을 부여하게 되기 때문에 그에 대한 공격을 정당하게 생각한다.

전쟁과 같은 갈등 상황 안에서 자기가 속한 집단에 대한 결속력이 만들어지고 더욱 견고해지며, 주류에서 벗어난 소수집단을 훈육하고, 그들의 가치와 규범을 더욱 강화하게 된다.

15. 법심리학

법심리학에서는 법적인 문제, 특히 형법 및 민법의 틀 안에 있는 문제들을 심리적인 관점으로 다룬다. 형법의 틀 안에는 증언의 신뢰성에 대한 평가, 형벌을 받아야 하는 청소년의 성숙 정도, 형사책임에 대한 판단 등의 문제가 포함된다. 민법의 틀 안에서는 양육권 문제를 다룬다. 법심리학에서는 심리학의 여러 세부 분야가 중요하게 고려된다. 그러한 세부 분야로는 증인의 기억력 측정에 필요한 일반심리학, 청소년의 성장 정도를 판단하는데 필요한 발달심리학 등이 있다. 인성심리학은 가해자의 인성 구조를, 정신진단학은 증언의 신빙성을 판단하기 위해 필요하며, 병리심리학은 중독으로 범죄 행위를 하게 된 경우에 영향을 미친다.

1) 증언 능력

증언 능력에 대한 연구에서는 한 사람이 어떤 사실을 얼마나 적합하게 설명하는 능력이 있는지를 검사하게 된다. 증인의 증언은 항상 주관적인 기억이며, 인지와 기억을 통해 매우 다양해질 수 있다. 그러므로 인지는 자연적인 영향에 의해 제한을 받을 수 있는 것이다.

예를 들어 어둠 속에서는 가시 능력이 떨어지며 색깔을 구분하기가 어렵다. 청각적인 판단도 사람마다 다르다. 소리의 근원지가 앞이나 뒤가 아니라 옆쪽에 있을 때 정확하게 감지할 수 있다.

그와 마찬가지로 어떤 사건이 얼마 동안 진행되었는지를 판단하는 것은 쉽지 않다. 속도에 대한 판단에도 문제가 있다.

증언은 그 사람이 기존에 가지고 있는 선지식에 의해 영향을 받을 수 있다. 사람들은 누구나 어떤 행위가 어떻게 진행되는가 하는 점에 대해 특정한 생각을 가지고 있다. 그처럼 미리 가지고 있는 특정한 도식이 그러한 상황에서 활성화되는 것이다. 여기에서 문제는 그러한 도식에 일치하는 것과 사실만 인식하게 된다는 점이다. 다른 세부 사항에 대해서는 도식에서 두드러지게 모순을 보일 경우에만 기억하게 된다. 또한 여러 가지로 설명 가능한 세부 사항도 도식의 의미에서 해석하게 된다.

인식 외에도 사건이 얼마나 오랫동안 기억에 저장되는가 하는 점도 의문이 제기된다. 기억이 더 이상 완벽하지 않다거나 오류가 있을 가능성이 있는 것이다. 또한 새로운 정보를 통해 기억의 변화가 생길 수도 있다.

> **! 말의 영향**
>
> 한 실험에서 피실험자들에게 자동차가 부딪치는 내용의 영화를 보여주었다. 그 다음 그들에게 사고 과정에 대한 질문에 대답을 하게 하였다. 실험 진행자가 질문을 하면서 '추돌'이라는 단어를 사용했을 경우에는 '사고'라는 단어를 썼을 때보다 (존재하지도 않았던) 유리파편과 과속이 있었다고 기억하는 경우가 많았다.

암시로 인해 어떤 사건에 대한 정보가 나중에 추가로 전달되는 것이다. 이처럼 나중에 이루어진 발언을 자신의 기억에 받아들이는 것을 피암시성(suggestibility, 지난 경험을 상기시킬 때 유도질문이나 추가 설명, 암시로 인해 기억이 새롭게 만들어지는 현상—옮긴이)이라고 한다. 사람들은 기억에 빠진 부분이 많고 권력 있는 사람이 말할 경우 영향을 받기가 쉽다. 특히 아이들의 경우는 더욱 그러하다. 그들의 기억저장 능력은 아직 완전하게 형성되지 않았으며, 자신들보다 어른들이 더 잘 알고 있다고 믿기 때문이다.

또한 어떤 사실에 대해 잘 알지 못해 질문자에 의해 그것이 받아들여질 수 없다는 느낌을 받게 되면 영향을 받기가 더욱 쉬워진다. 마찬가지로 원하지 않는 대답에 대해 질책을 하거나 그 말의 신빙성에 대해 공개적으로 의혹을 제기하는 등 부정적인 반응을 보이거나 암시적인 질문을 이용하는 것 등도 신빙성 있는 진술을 얻기 힘들게 한다. 그러므로 심문을 할 때는 상대방이 오랜 시간 자유롭게 이야기할 수 있는 분위기를 만들어주는 것이 중요하다. 또한 질문을 하는 사람은 중립적인 행동을 취해야 한다.

가해자를 확인하는 일에서도 문제가 있을 수 있다. 가해자의 모습이 머릿속에 정확하게 저장되는 건 쉽지 않다. 사진을 보여주면 증인은 그것과 자신의 기억에 저장되어 있는 모습의 유사성을 고려하게 된다. 여기에서도 시간이 지나면서 기억이 점점 더 희미해진다는 위험성이 존재한다. 가해자가 평범하지 않을수록 그를 좀 더 쉽게 기억할 수 있다. 가해자가 무기를 들고 있었을 경우에는 증인의 가장 큰 관심이 무기에 놓이기 때문에 가해자의 모습에 대한 기억력은 떨어진다.

2) 신빙성

증언에는 의도적으로 거짓 증언을 꾸며낼 가능성이 존재한다. 여기에서 심리학자의 임무는 진실된 증언과 거짓 증언을 구분하는 것이다. 이를 위해서는 우선 증인의 개인적인 동기가 중요하다. 위증은 자신의 이익이나 다른 사람을 보호하기 위해서 하게 된다. 또한 어떤 사람에 대한 복수나 거부감 때문에 위증을 할 수도 있다.

속임수라는 것을 알려주는 몇 가지 외적인 표시가 있다. 위증을 할 경우에는 어깨를 으쓱하는 행동이 자주 나타나며, 목소리 톤도 높아진다. 반면 몸이나 머리의 움직임은 줄어들고 눈의 깜빡임도 줄어들고, 대답은 짧아진다. 단 이러한 표시는 대답을 하는 사람이 평소에 어떻게 행동하는지를 질문자가 잘 알고 있을 때 판단할 수 있는 것이다.

진술의 내용이 신빙성이 있는지도 알 수 있다. 만들어낸 진술은 구체적인 세부 사항이나 자신의 심리적인 과정이나 예상치 못했던 복잡한 상황에 대한 설명이 거의 없게 된다. 게다가 기억나지 않는다고 하는 부분이 줄어들고, 자신의 말을 다시 수정하는 일이 없다. 의식적으로 만든 증언의 경우에는 그에 상응하는 도식이 활성화되며, 그런 상황의 스테레오타입에 대한 진술이 이루어지기 때문이다.

내용과 더불어 진술이 얼마나 오랫동안 일관성을 유지하는지도 중요하다. 일치, 모순, 보충, 삭제 등을 주의 깊게 보아야 한다. 만들어낸 진술은 오랜 시간이 지나도 똑같이 설명하게 되지만, 실제 기억은 기억의 상실로 인해 정보에 변화가 있게 된다.

또한 진술을 하는 사람이 위증을 할 만한 사람인지를 검증하는 것도 중요하다. 즉 위증을 할 수 있는 인식적인 전제와 선지식을 충분히 가지고 있는가 하는 점을 검증해야 하는 것이다.

16. 종교심리학

종교는 어떤 사회에서든 존재하였고 현재에도 존재하고 있다. 사람은 사물에 대한 이해를 위해 특정한 설명을 필요로 하는 것 같다. 오늘날 교회는 점점 더 교인들을 잃어가지만, 다른 한편으로는 점점 더 많은 사람들이 삶의 의미와 초월적인 경험에 대한 욕구를 표현하고 있다. 개인적인 신앙은—그것이 교회의 제도에서 벗어난 것일지라도—인간의 경험 영역에 포함된다. 심리학에서 종교가 흥미로운 것은 갈등 상황과 차별대우를 유발할 수 있으며, 삶을 헤쳐 나가는데 도움을 주고, 힘과 에너지를 부여하기 때문이다.

1) 종교와 사회심리학

종교는 집단과 연결되어 있다. 즉 종교는 혼자가 아니라 여러 사람들과 함께한다는 것이다. 보편적으로 개인의 종교적인 신념은 종교라고 하지 않는다. 모든 종교는 특정한 관점, 행동방식, 경험 등을 가지고 있다. 관점이나 종교에 대한 신념은 삶의 의미와 목표가 된다. 집단은 그들만의 개념, 상징, 의식을 가지고 있다.

종교 집단에 속하게 되면 학습 과정을 통해 모든 것을 받아들이게 된다. 학습을 통해 사회화 과정에 참여하게 되는데, 특정한 사건과 행동방식을 어떻게 해석해야 하는지를 배우게 된다. 종교의 내용과 의식을 통해 소속감과 개인적인 정체성을 경험하게 된다. 여기에서도 자신의 집단과 타인의 집단으로 구분된다. 종교에서는 이러한 구분이 더욱 엄격하다. 타인의 집단은 보편적으로 악을 상징한다. 또한 정치적으로 다른 입장을 보이거나 받아들이기 어려운 성적인 경향의 사람과도 엄격하게 구분하게 된다. 물론 그들 집단들 간의 관계에서 긍정적인 면도 있다. 예를 들어 기독교 교회에 속하는 여러 교인 집단을 관찰해보면, 그들이 함께 일할 경우 그들 사이에서 아주 가끔 갈등 상황이 일어날 뿐 큰 문제가 일어나지 않는 것을 발견하게 된다.

한 집단 안에는 여러 가지 다양한 역할이 있으며, 대체로 그 역할 간에 위계질서가 존재한다. 가톨릭에는 최고 자리인 교황이 있고, 그 아래에 주교가 있고, 다시 그 아래에 신부가 있다. 이러한 위계질서는 맨 아래 단계인 미사에 참석하는 신자들에게도 해당된다. 미사복이나 장신구 등을 통해 위계질서가 더욱 분명해진다. 종교 집단 내 규범에 대해서는 모든 교인이 빨리 적응하게 된다. 권력을 쥐고 있는 사람은 그러한 규범이 잘 지켜지는지 주목한다. 여기에서도 축복과 같은 보상이나 추방 등의 처벌이 따른다.

한 집단 내에서 이루어지는 압력은 그들의 가치와 규범이 사회적인 가치와 규범과 거리가 멀수록 더욱 강해진다. 이런 현상은 많은 이교도 집단에서 두드러지게 나타난다.

종교 집단에는 다양한 방법으로 가입할 수 있다. 교회에는 대체로 태어날 때부터 소속되는 경우가 많다. 많은 사람들이 계속해서 기독교 소속으로 남기도 하지만, 다른 종교로 이적하거나 모든 종교 집단에서 벗어나 무교를 선택하는 사람들도 있다.

율법

성경

코란

일부 종교 집단은 이교도를 형성하기도 한다. 이교도는 보편적으로 사회와 경계를 긋게 되는데, 이는 이교도 교인들에게 커다란 도전인 것이다. 이교도는 주로 카리스마가 넘치는 사람이 주도를 하게 되며, 그는 이러한 집단의 단결력을 촉진한다. 이교도는 어떻게 생겨나는 것일까?

사회의 가치와 규범과 자신의 가치와 규범 간에 긴장된 관계를 가지고 있는 사람들이 있다. 그런 사람들 사이에서 유사한 관점과 욕구가 생겨나 교류가 형성되고 이를 활성화할 수 있다면 그로부터 하나의 집단이 생겨나는 것이다. 그런 뒤 더 많은 교인을 얻기 위해 길거리에서든 친구들 관계에서든 노력하게 된다. 이때 삶의 특정한 테마에 대한 의식이 만들어진다.

이처럼 종교에 접근해 가는 시기에 자신의 집단에 대한 긍정적인 관점이 두드러지게 나타나게 된다. 그렇기 때문에 새롭게 종교에 접근한 사람은 그 집단에 대해 좋은 느낌을 가지고, 자신의 정체성을 포기하기로 결정한다. 예를 들어 새로운 신도는 세례와 같은 상징적인 행동을 통해 공식적으로 종교 집단에 받아들여진다. 그러면 새로운 신도는 새로운 집단에 온 마음을 바쳐 충실하게 임하고 이전의 사회관계를 끊게 된다. 그 집단이 사회와 거리가 먼 경우, 그 교주는 교인들을 잃지 않기 위해 더 많이 노력한다.

종교를 받아들이는 시기에는 세뇌와 같은 특정한 행동방식이 이루어진다. 개인이 정보를 처리할 수 있는 상태인지 아닌지에 대한 고려 없이 이러한 과정이 이루어진다면, 이는 선동이 되는 것이다. 그것을 통해 개개인이 조종된다. 이는 우선적으로 감정적인 메시지와 특정 사실의 지속적인 반복을 통해 이루어진다. 또한 신자의 가치와 지식에 대해 확신을 주려는 시도도 이루어진다. 올바른 대답은 오직 하나뿐이며, 그것만이 유일한 구원 가능성이라는 사실에 확신을 갖게 하는 것이다. 예배의식, 음악, 찬송 등이 이러한 효과를 더욱 극대화시킨다. 먼 나라에서 온 마스터와 같이 엄청난 권위를 가진 사람이 말을 할 경우, 그러한 설득은 더욱 성공적으로 이루어진다.

2) 종교와 건강

명상을 하고 있는 스님

종교는 이미 오래전부터 건강에 영향을 미쳐왔다. 정신적인 질환이 생기면 악한 힘 때문이라고 생각하였다. 이러한 권력을 몰아내기 위해 엑소시즘, 제물을 바치는 의식, 의식적인 춤 등이 사용된다. 오늘날에도 치유를 위한 기도 등 종교적인 기술이 사용된다. 종교는 방향성을 제시해주고 집단에게 의지할 곳을 제공해준다. 심각한 병이 들었거나 죽음을 앞두고 있을 경우에도 종교는 의지가 될 수 있다.

그러나 종교가 병의 회복에 영향을 미칠 수 있는지는 확실하게 증명된 바가 없다. 몇 가지 연구에 의하면, 묵주기도가 혈압을 낮춰주고 그로써 심장의 부담을 덜어준다고 한다. 명상도 좌뇌의 앞쪽 부분을 활성화시키는데, 이 뇌 부분은 긍정적인 감정에 관여한다고 한다. 이러한 활성화는 면역체계에 영향을 미친다고 한다.

> **? 알고 넘어가기**
>
> 종교만 건강에 영향을 미치는 것이 아니라 종교를 수행하는 행위 등의 주변 상황도 건강에 영향을 미친다. 예를 들어 정통 유태교 교인들은 다른 이스라엘인들에 비해 심장병에 걸리는 확률이 적다는 사실을 밝혀냈다. 이는 강한 믿음 때문이 아니라 종교에 따른 음식의 규정 때문이다. 그러한 규정에 따라 정통 유태교 교인들은 다른 사람들에 비해 기름기 적은 음식을 섭취하여 더 건강한 것이다.

3) 종교와 성격

사람의 발전에는 종교적인 면을 고려한 성격이론이 몇 가지 있다. 고든 W. 올포트(Gordon Willard Allport, 1897~1967)는 종교가 성격에 어떤 의미가 있는지에 대해 연구하였다. 그는 성숙한 성격을 지닌 사람은 관심이 신체적인 욕구를 넘어선다고 보았다. 자기 자신의 인생관과 유사한 인생관에 대한 이해심도 많다고 하였다. 이에 올포트는 종교성이라는 개념을 사용하였다. 그가 말하는 종교성이란 어머니나 고향과 같은 가치대상에 대한 생각과 감정의 전체주의적인 방향성을 나타낸다. 이러한 성향은 긍정적이거나 부정적인 내용일 수도 있다.

성숙한 종교성에는 자신의 존재에 높은 가치를 두고 있는 대상이나 원칙을 긍정적으로 지배할 수 있는 태도가 있다. 이 경우 신앙과 교회에 대해 비판적으로 받아들인다. 성숙한 종교성은 자기 내면에 동기를 가지고 있는 것이지, 외부에 의해 생겨난 것이 아니다. 또한 높은 윤리적 수준을 가지고 있다. 긍정적인 경험과 부정적인 경험이 함께 있는 보편적인 인생관도 가지고 있다. 그리고 통합적이고 조화로운 삶의 모델을 위해 노력한다.

반면 성숙하지 못한 종교성은 종교를 무비판적으로 받아들이며, 부족한 면과 약점을 감춘다. 그로써 갈등, 불안, 선입견 등이 생겨날 수 있다. 자기 자신의 바람과 욕구에 의해서가 아니라 외부의 영향에 의해 좌우된다.

올포트에 따르면 종교성은 서서히 발전하게 된다. 우선 어린아이는 제대로 이해하지 못한 채 내면화된 행동을 한다. 나이가 들수록 연관관계를 이해하고 자기 자신과 관계를 맺게 된다. 그 이후에는 믿음과 종교를 통해 직접 개인적인 경험을 하고 싶어하며, 종교에 대해 진지하게 생각한다. 성숙한 종교는 믿음과 회의의 상호작용 안에서 만들어지는 것이다.

그러나 올포트의 성숙한 종교성과 비성숙한 종교성의 개념은 더 이상 쓰이지 않게 되었다. 그 대신 그는 내재적 종교성과 외재적 종교성이라는 개념을 사용하였다. 그는 교회에 정기적으로 가는 사람들은 교회를 다니지 않는 사람들보다 흑인 등에 대해 더욱 강한 선입견을 가지고 있다고 하였다.

또한 내재적 종교성을 가지고 있는 사람에게서 선입견이 가장 적게 나타난다는 사실을 밝혀냈다. 교회에 대해 긍정적이고 무비판적인 사람들이 가장 많은 선입견을 보였다. 올포트에 따르면 내재적 종교성을 가지고 있는 사람들은 자신의 신앙을 내면화하고, 그에 따라 살아간다고 한다. 그러나 외재적 종교성을 가지고 있는 사람들은 무질서한 감정과 생각 때문에 불안감을 가지게 되며, 교회를 통해 그에 저항하기 위해 노력한다. 그러므로 종교는 종교에 따라 살기 위해서라기보다는 위안과 안정을 얻기 위한 것이다.

카를 구스타프 융도 사람의 인생에서 종교가 중요한 역할을 한다고 정의하였다. 프로이트처럼 융의 이론도 무의식에서부터 출발했다. 그는 무의식의 상징적인 표현에서 다양한 종교, 문화, 개인 간의 공통점을 발견하였다. 그리고 그로부터 집단 무의식에 대한 이론을 발전시켰다. 이는 모든 사람에게서 똑같은 구조, 즉 원형으로 나타난다.

집단 무의식은 자연적인 사건, 삶의 경험, 악마와 같은 초월적인 존재, 자아 등 인간의 기본적인 경험으로 이루어진다. 이러한 경험은 영상으로 각인되어 있는데, 이를 원형이라고 칭하였다. 원형은 세대를 걸쳐 전승되며, 모든 문화에서 나타난다. 또한 대체로 이해하기 어렵고, 해석이 필요하다. 성인에게 있어서 종교가 그러한 대상이 되며, 신이라는 원형이 점점 더 분명하게 드러나게 되는 것이다. 사람은 그러한 원형을 흡수하는 것을 목표로 하는데, 이것을 자아라고 한다. 자아를 완전히 찾아내기 위해서는 다양한 원형에 대해 진지하게 고려해보는 것이 필요하다.

III

심리학적 방법과 개입

심리학 연구에서는 본질적인 구성 요소로 진단학이 있다. 심리학적 테스트 과정은 모든 연령대에 적용될 수 있다. 테스트뿐만 아니라 관찰과 대화도 적용된다. 진단학과 치료는 서로 매우 밀접한 관계를 맺고 있다. 테스트와 대화 이후에 적합한 치료 방법을 찾고 치료의 목표를 결정할 수 있다.

1. 진단학적 방법

발전심리학과 병리심리학뿐 아니라 심리학의 모든 영역에서 진단학적 과정이 적용된다. 여기에서는 진단을 내리는 것만이 아니라 성과 능력에 대한 평가도 내리게 된다. 또한 그룹화 과정에 대한 분석, 교류의 필요성에 대한 평가, 신빙성, 가치관에 대한 진단, 의견 등을 중요하게 다룬다. 데이터를 진단하는 데에도 다양한 방법이 있다.

1) 관찰
관찰을 통해 어떤 행동의 빈도, 집중도, 유지되는 시간 등을 파악하게 된다. 관찰 방법은 여러 가지로 나뉜다. 자기관찰에서는 외적인 행동뿐 아니라 내적인 경험까지 중요하게 다룬다. 예를 들어 설문지를 작성함으로써 현재의 상태를 파악할 수 있다.

외부관찰은 또다시 참여관찰과 비참여관찰로 나눌 수 있다. 비참여관찰에서는 수동적으로 관람만 하는 반면, 참여관찰에서는 관찰자가 사건에 관여하게 된다. 예를 들어 그룹 치료사가 자신의 환자들과 상호 작용을 하고 그로써 개개인의 행동을 인지한다면 그것은 참여관찰이 된다. 이때 관찰자는 기록을 남기는 게 어렵다. 또한 관찰자가 감정적으로 관여하기 때문에 잘못된 인상을 받을 위험성이 있다. 심리학자가 외부에서 아이들의 놀이행동을 관찰한다면, 그것을 비참여적 관찰이라고 한다. 여기에서 관찰 대상이 관찰자가 있다는 사실을 알게 되면 부자연스러운 행동을 보일 수가 있으니 주의해야 한다.

비참여적 관찰과 더불어 불규칙적 관찰도 추가적으로 이루어진다. 예를 들어 대화를 통해 관찰 대상이 어떻게 행동하는지, 어떤 자세를 취하는지, 자신의 과제에 어떻게 대응하는지 등을 파악할 수 있다. 그러나 이러한 피상적인 인상으로 잘못된 판단을 내릴 수 있다. 또 다른 형태로는 체계적 관찰이 있다. 이것은 이미 정해진 관찰의 도식이 있고, 관찰의 내용과 평가의 수치가 제시되어 있는 상태에서 이루어지는 관찰을 말한다.

2) 인터뷰

인터뷰는 심리학자가 유도적인 대화를 통해 진단을 위한 정보를 얻는 것이다. 여기에서는 현재의 문제에 대한 분석이 중요하다. 인터뷰는 당사자 또는 가족과 같은 주변 사람과 이루어진다. 이를 각각 본인에 의한 상기와 타인에 의한 상기라고 한다.

상기에는 한 사람의 발전사가 포함되며, 즉 경험과 행동, 건강 상태에 대한 정보를 모으게 된다. 이러한 인터뷰의 체계성은 다양하게 이루어질 수 있다. 자유로운 대화에서는 대화 내용이 결정되어 있지 않다. 그러나 어느 정도 체계적인 대화에서는 질문의 영역이 미리 제시되어 있다.

구체적인 질문이 미리 결정되어 있는 경우를 완전히 체계화된 인터뷰라고 한다. 대화가 진행되는 동안 표정, 행동, 자세, 언어 등을 파악한다. 즉 관찰 데이터가 판단에 포함되는 것이다. 인터뷰의 목적은 우선 한 사람의 성격에 대한 묘사, 즉 그의 특성, 동기, 행동방식을 파악하는 것이다. 새로운 직원을 뽑기 위한 인터뷰에서는 인터뷰가 부적합한 응시자를 골라내는 역할을 한다.

3) 심리적 테스트 과정

심리적 테스트 과정을 통해 지능, 성과 능력, 특징적인 성격 등을 파악할 수 있다. 성과를 위한 행동을 파악하고 나면 성과에 대한 테스트가 이루어진다. 여기에서 피실험자는 최선의 결과를 가져오기 위해 노력하라는 지시를 받는다. 그러면 피실험자는 전형적인 행동이 아니라 최선의 행동을 해야 한다. 성과 테스트에는 발전 테스트, 집중력 테스트, 학습 테스트, 적응력 테스트, 지능 테스트 등이 있다.

집중력 테스트에서는 참가자들이 장시간 동안 과제에 집중하게 된다. 과제들은 모든 피실험자들이 쉽게 풀 수 있는 것들로 구성되어 있다. 이미 잘 알려진 문제로 누구나 답을 알고 있는 것이다. 그들은 주어진 시간 안에 가능한 한 많은 과제를 풀어야 한다. 그 결과에 따라 집중 과정에 대해 추론하게 된다.

오늘날에는 지능을 다양한 능력을 모두 포함하는 상위개념으로 여긴다. 지능 테스트는 여러 종류가 있는데, 이는 다양한 이론적 방향에 바탕을 두고 있다. 과학에 근거를 두고 있는 지능 테스트는 모두 표준화된 질문과 행동 지침을 가지고 있다. 주어진 기준에 따라 대답을 평가하게 된다. 테스트 결과는 해당 나이 또는 성별집단의 평균 수치와 비교하게 된다. 이러한 방식으로 소위 IQ 수치가 나오는 것이다. 예를 들어 성인을 위한 함부르크 벡슬러 IQ 테스트는 보편적인 지식과 이해력을 평가한다. 어휘력과 상위개념을 찾아내는 능력도 평가된다. 행위 부분에서는 그림을 배열하고 보충하고, 모자이크를 맞추고, 상징을 선택하고, 숫자를 배열하는 것 등이 포함된다.

지능 테스트에 대해서는 많은 비판을 하기도 한다. 예를 들어 성인을 위한 함부르크 벡슬러 IQ 테스트에서는 피실험자의 나이가 많다거나, 2차 세계대전 이전 북아메리카 중산층의 가치를 가지고 있다는 사실을 전혀 고려하지 못한다. 또한 지금까지의 지능 테스트는 창의력을 파악하지 못한다. 그런 이유로 창의력을 고려한 테스트가 점점 더 많이 발전하고 있다. 이런 테스트에서는 '벽돌은 어디에 사용되는가?'라는 질문에 대한 답을 가능한 한 많이 고려해놓아야 하는 것이다. 사람들에게 개별적으로 접근하기 위해 대답중심적인 테스트가 개발되었다. 이런 테스트는 대부분 컴퓨터에서 행해진다.

2. 심층심리학

심층심리학이라는 개념은 오늘날 종합적인 개념으로 사용된다. 이는 무의식에 바탕을 두고 있는 모든 치료 과정을 포함한다. 특히 감정과 의지 사이의 관계를 중요하게 다룬다. 이러한 개념은 지그문트 프로이트의 심리치료와 알프레트 아들러, 카를 구스타프 융, 그리고 그 외의 심리학자들의 치료 형태를 구분하기 위해서도 사용된다.

심층심리학은 사람이 의식에 도달하지 못하고 무의식에 감춰져 있는 감정, 기억, 생각을 가지고 있다는 것에서부터 출발한다. 특히 잘못된 행동이나 인격 장애 등을 통해 나타날 수 있는 의식적인 경험과 행동을 다룬다.

심층심리학에서는 심리적인 장애와 질환을 유년기의 성장장애에 의한 결과로 본다. 또한 습득되거나 타고난 신체적인 조건도 특정한 역할을 한다고 본다. 심리적으로 너무 많은 부담을 가지고 있을 경우에는 치료를 필요로 하는 병이 생길 수 있다. 심리치료에서는 자기 자신을 좀 더 잘 이해하기 위해 개인사에 대해 모두 들춰내게 된다. 성격의 변화를 가져오기 위해 신체적·정신적 증상의 무의식적인 원인을 다루는 것이다. 무의식에 있던 것들을 의식화시키는 과정을 통해 환자들은 자신을 이해하며 삶을 변화시킨다. 심리치료의 핵심은 무의식적인 갈등 상황을 찾아내고 해결하는 것이다.

1) 지그문트 프로이트의 심리분석

심리분석은 지그문트 프로이트가 정신적인 질환을 치료하기 위해 만든 과정이다. 본래 심리분석은 '정신분해'를 의미한다. 많은 심층심리학적 방향들이 여기에 뿌리를 두고 있다. 프로이트의 심리분석은 사람은 항상 무의식에 억제해두었던 경험과 직면하게 된다는 사실을 전제로 한다. 또한 사람은 무의식적으로 그것이 의식에 도달하는 것을 막기 위해 노력한다. 그것은 자신을 보호하기 위한 것이다. 의식화되는 과정에서 무의식적으로 부정적인 감정에 대해 두려움을 갖기 때문이다. 이러한 보호는 방어를 통해 이루어질 수 있다. 사람들이 사용하는 방어 메커니즘에는 여러 가지가 있다.

> **! 방어 메커니즘**
>
> 억제 : 충동욕구의 무의식적인 억제
> 퇴행 : 유전적으로 이전 발전단계로 퇴행
> 전환 : 심리적 갈등을 신체적인 문제로 전환
> 반응 형성: 본래의 충동에 반대되는 행동방식의 발전. 예를 들어 흥미를 거부감으로
> 투사 : 충동, 오류, 바람 등을 다른 사람이나 상황에 전이시키기
> 내사(introjection) : 대상의 관점과 동기를 자기 자신에게 받아들이는 것
> 승화 : 자신의 바람을 다른, 더 높은 대상을 통해 승화시키는 것. 예를 들어 성적인 에너지를 문화적·사회적 성과를 위해 사용하는 것
> 합리화 : 자신의 행동에 대해 이해할 수 있도록 정당화하는 것
> 대체 : 본래의 욕구 대상을 대체 대상으로 대신함. 예를 들어 상사에 대한 공격성을 부하에게 발산하는 것

성격 발전에는 특히 오이디푸스콤플렉스가 결정적인 역할을 한다. 성적 충동이 발산되지 못하면 무의식에 억제되어 있던 갈등 상황이 발생한다. 그로 인해 성적 에너지, 즉 리비도가 억제되어 있을 수 있다. 그러한 억제에서 프로이트는 노이로제의 원인을 찾으며, 노이로제 증상을 성적인 대리만족으로 본다.

노이로제는 성인이 된 후에 더 이상 의식하지 못하는, 어릴 때의 특정한 경험에 의해 발생한다. 이는 감정과 크게 관련된 갈등 상황이다. 충동인 이드가 도덕기관인 초자아와 경쟁을 하기 때문에 갈등이 생겨난다. 이러한 갈등이 해결되지 않으면 나쁜 해결 방법으로 노이로제가 발생하는 것이다.

이때 감정을 관념으로부터 분리해야 한다. 관념은 무의식에 보내게 된다. 그러나 감정과 연결되어 있는 에너지는 계속해서 영향을 미친다.

그러면 에너지는 신체적인 증상을 가져오게 된다. 에너지가 다른 관념과 연결되는 것도 가능하다. 프로이트는 강박적 생각이나 행동 또는 특정 대상에 대한 두려움이 생겨나는 것을 그와 같이 설명한다.

무의식에 감춰둔 것들은 꿈이나 심리치료에서 말을 잘못하거나 잊어버리는 것 등 실수를 통해 표현되기도 한다. 프로이트에게 꿈은 무의식의 메시지였으며, 그는 심리치료에서 꿈에 많은 부분을 할애하였다. 또한 꿈에도 검열과정이 있다고 여겼다. 그래서 잠재적인 꿈이 명시적인 꿈의 내용으로 전환되며, 명시적인 꿈의 내용은 상징의 형식을 통해 잠재적인 꿈의 일부를 드러낸다고 보았다. 이러한 상징은 심리치료에서 해석된다.

> **! 꿈의 상징**
>
> 사람 : 집
> 부모님 : 황제와 황비, 왕과 왕비
> 형제, 자녀 : 작은 동물, 곤충
> 죽음 : 여행, 기차 타고 떠나기 등
> 남성 성기 : 막대기, 우산, 나무, 뾰족한 무기, 무기, 수도꼭지, 분수, 램프, 풍선, 파충류
> 여성 성기 : 동굴, 구덩이, 그릇, 상자, 주머니, 배, 서랍, 오븐, 방, 조개, 사과, 과일, 액세서리, 풍경, 정원

프로이트는 꿈의 상징의 대부분을 성적인 상징으로 보았다. 그의 설명은 언어연구이론에서 출발하는데 이 이론에 따르면, 언어의 생성과 발전에서 성적인 욕구가 커다란 역할을 했다고 한다. 초기의 언어적 표현은 성적인 파트너를 불러들이기 위해 사용되었다. 또한 언어의 발전은 공동 작업에 영향을 끼쳤다. 또한 공동 작업에 성적인 이해관계가 놓여 있다고 본다. 그로써 일이 성적 활동을 대신하게 되었다. 일을 하면

서 사용하는 단어는 일의 활동뿐 아니라 성행위를 나타낸다. 시간이 지나면서 단어의 성적 의미는 사라지게 되었지만, 아직까지도 꿈의 상징에는 오래전 단어의 성적 의미가 다소 남아 있다.

프로이트는 자유연상법에서 꿈에 등장하는 상징을 해석하였다. 이러한 과정에서 꿈에 대한 해석만 있었던 것이 아니다. 환자는 특정한 대상, 사건, 상징, 사람, 꿈에 대해 떠오르는 모든 것을 이야기하게 된다. 이때 부끄럽다고 해서 빼놓거나 감추어서는 안 된다. 자유연상법에서 심리치료사는 수동적으로 행동하며, 환자의 말에 대해 평가하지 않는다. 환자가 특정한 테마에서 벗어날 경우에는 치료사가 그러한 사실을 언급해서 알려준다. 테마를 깊이 있게 다루기 위해서 질문을 할 수도 있다.

이러한 치료의 본질적인 부분은 물론 해석에 있다. 심리치료사는 자신이 관찰한 현상과 원인의 상관관계에 대한 자신의 관점에 대해 언급하게 된다. 해석을 통해 환자에게 무의식적인 특정한 관점을 의식적으로 만든다. 의식화를 통해서 비로소 변화도 가져올 수 있다. 종종 환자들은 이전의 상황을 위협적이거나 불편하다고 생각하지 않았기 때문에 그러한 해석에 거부감을 갖기도 한다. 또한 환자가 자신의 노이로제 발생의 원인이 되는 사람과 분석가를 동일한 사람으로 느끼게 되어 감정을 분석가에게 표출할 수도 있다.

2) 카를 구스타프 융의 분석치료

융도 심리를 의식적인 부분과 무의식적인 부분으로 나누어 보았다. 그리고 무의식을 다시 개인 무의식과 집단 무의식으로 나누었다. 개인 무의식에는 자신이 살아오는 동안 습득한 무의식적·심리적 내용이 포함된다. 집단 무의식에는 이전 세대로부터 받아들인 것들이 포함된다.

이러한 내용은 꿈에서 원형적인 상징을 통해 나타난다. 중심적인 원형으로 자아가 있다. 여기에는 인성의 핵심뿐 아니라 우주 전체도 포함된다. 그것은 특정한 모순과 양극성을 포함한 인간적인 완벽함을 구성한다.

삶의 특정한 시기에 특정한 원형이 활동하는 상황이 발생한다. 융은 원형이 심리적인 발전에 커다란 영향을 미친다고 보았다. 이러한 발전을 그는 개인화라고 불렀다. 개인화는 두 가지 단계로 이루어져 있다.

첫 번째 삶의 단계에서는 외부세계에서 자신의 자리를 찾으며 살게 된다. 자아의 의식이 가지고 있는 주요 기능이 발전해야 한다. 그런 이유로 직업, 자신이 구성한 가족, 자신의 사회적 위치 안에서 자아를 확장하기 위해 가족을 떠나게 된다. 이 시기에 기본 기능인 생각, 본능, 느낌, 감각 등 네 가지 정신적인 과정이 이루어진다. 이러한 과정은 내향적 또는 외향적으로 나타날 수 있다.

두 번째 삶의 단계에서는 내면의 세계를 만나게 된다. 무의식적인 특성을 의식화시킴으로써 인간에 대한 인식, 자신에 대한 인식이 늘어나게 된다. 그러면서 원형을 대면하게 된다. 우선 그림자를 만나게 되는데, 여기에서 그림자란 자신의 알려지지 않은 면이다. 이것은 내면에 억제되고 감추어져 있다. 그림자는 항상 우리를 따라다니는데, 이는 우리 인성에서 억제하고 있던 긍정적이고 부정적인 부분을 말한다. 그림자는 사람을 조종하는 능력을 가지고 있으며, 특히 악한 의도, 성적 충동, 예술적 면 등을 포함하고 있다. 그림자의 특별한 형태로는 남자에게는 아니마가 있고, 여자에게서는 아니무스가 있다. 이는 각자 성별이 다른 부모(즉 딸은 아빠, 아들은 엄마)에 의해 강한 영향을 받아 생기는 것으로써 성인이 되어 파트너를 찾을 때 영향을 미친다. 아니마와 아니무스는 무의식으로 넘어가는 단계, 즉 원형의 제국에 포함되어 있다. 개인화에 장애가 생기면 정신적인 질환이 나타나게 된다.

심리치료의 목적은 자아실현의 지속이다. 자아는 원형 구조로부터 벗어나 스스로 만들어낸 삶을 살아가는 것을 말한다. 치료 과정은 성장과 개인화를 지지하기 위한 것이다. 그 중심에는 자아의 강화, 집단 원형에 대해 저항할 수 있는 강한 힘을 갖는 것, 자아의 성장이 있다.

또한 자신의 그림자와 긍정적인 면을 모두 인식할 수 있어야 한다. 이를 위해서 신화와 동화를 이용하게 된다. 그 안에 다양한 원형의 영향이 나타나 있기 때문이다. 또한 위기와 문제에 대응하는 등 소중한 경험의 보물들이 담겨 있기도 하다. 심리치료에서는 꿈에 대한 해석 외에도 적극적인 연상, 그림, 춤, 모래놀이 등을 통한 무의식적인 표현행위도 이용된다.

3) 아들러의 개인심리학

아들러에 따르면 모든 사람은 수많은 경험에서 자신이 열등하고 약하다는 것을 느끼며, 그러한 감정을 극복하고 싶어한다. 이러한 바람은 자가치 의식을 강화하는 발전과정에서 만나게 된다. 아들러는 아이들이 부모와 또 다른 강한 어른들을 통해 열등감을 발전시킨다고 한다. 열등감이 너무 강하고 병적으로 인식되면 아이는 이미 의식화되는 것으로부터 자신을 보호하게 된다. 그런 경향을 보이면 감정을 억제하고, 자신이 강력하며 우월하다고 느낄 수 있는 상황을 만들어낸다. 그리고 사회적 권력을 추구하게 된다.

열등감은 부모의 사회적인 신분과 형제자매 내에서 자신의 위치 등을 통해 더욱 강화될 수 있다. 막내는 항상 다른 형제자매보다 우월하거나 동등한 것에 대해 제재를 받게 된다. 성별도 결정적인 역할을 한다. 예를 들면 여자가 사회적으로 낮은 지위를 부여받게 되는 것을 말한다. 부모가 아이에게 권위적으로 행동하거나 너무 버릇없이 키웠을 경우에도 열등감은 강화될 수 있다. 만으로 약 5세가 되면 아이는 열등감에 바탕을 두고 있는 자기만의 삶의 방식을 발전시킨다. 그로써 인정에 대한 추구를 보장하기 위해 방향성과 모범상 등 삶에 대한 계획을 세우게 된다.

이러한 발전은 두 단계로 이루어진다. 4~10세 사이에는 어린아이다운 삶의 방식이 지배적이다. 아이는 이기적이고 권력추구적이며 주관적이고 선입견에 묶여 있다. 10~20세 사이의 청소년기에는 삶의 방식이 좀 더 규칙적이고 논리적이며 이성적이다. 그리고 이 시기에 공동체 의식의 바탕이 만들어진다.

열등감이 발전을 촉진하기도 한다. 또한 건강한 발전에서는 열등감이 공동체 의식을 통해 보완된다. 그러나 문제가 있는 발전에서는 권력 있는 사람에 대한 과대평가 콤플렉스를 보이게 된다. 이로써 노이로제와 정신병이 생겨날 수 있다.

이러한 증상이 생겨나는 이유는 자신이 대응할 수 없는 특정한 삶의 상황을 멀리하고 싶기 때문이다. 또한 이러한 증상이 생겨나다 보면 다른 사람의 관심과 배려를 통해 자신이 중요하고 가치 있는 사람이라고 느끼게 된다. 이러한 증상을 통해 다른 사람에게 권력을 행사할 수 있는 것이다. 심리치료에서는 자기가치를 사회적으로 만족스러운 활동으로 옮길 수 있게 돕는다. 환자는 실패를 대응하는데 있어서도 도움을 받게 된다.

3. 최면 치료

최면이라는 말은 그리스어에서 유래했으며, 잠을 의미한다. 그렇다고 최면 상태 동안 잠에 드는 것은 아니다. 집중력이 높아지고 특정한 사실에 관심을 몰두하게 된다. 이때 영상적이며 창조적인 생각을 담당하는 우뇌가 활발히 활동할 수 있게, 논리적이고 분석적인 생각을 담당하는 좌뇌가 활동 수준을 유지한다. 일상에서도 책을 읽거나 다른 활동에 몰두할 때 이러한 도취 상태가 나타날 수 있다. 현대의 최면은 밀턴 에릭슨(1901~1980)에 의해 그 출발점이 질환에 대한 문제가 아니라 삶의 일반적인 문제가 되었다. 사람에게는 누구나 최면을 통해 활동하게 하는 긍정적인 자원을 가지고 있다는 것이다. 즉 사람의 잠재력이 그 중심에 놓이게 되었다. 사람이 경험을 통해 얻은 보물은 매우 많지만 종종 그것을 인식하지 못한다고 한다. 그리고 최면을 통해 문제 해결 능력이 성장하고 창의력이 촉진된다고 보는 것이다. 치료사가 문제 해결법을 제시하는 게 아니라 환자가 자신의 능력을 확인하고 강화시킨다. 그로 인해 스스로 문제를 해결할 수 있다는 자신의 능력에 대한 믿음이 생겨난다. 내면의 영상을 통해 치유적인 내적 과정이 활성화되는 것이다.

에릭슨은 최면치료를 네 가지 단계로 나누었다. 도취에 들어서는 단계에서는 긴장을 풀어주는 기술이 사용된다. 숨을 깊이 들이마시고 내쉬면서 평온과 긴장 완화가 이루어지고 그러한 느낌이 몸 안에 퍼지게 된다. 도취의 몰입 단계에서는 상상의 영상이 사용된다. 그 다음 단계에서는 도취 상태에서의 작업이 이루어진다. 긴장 완화 기술을 통해 환자는 깊은 의식에 도달하게 된다. 그리고 나면 부정적인 느낌과 경험을 마주할 수 있으며, 그에 대해 좀 더 잘 대응할 수 있는 기회를 갖게 된다. 또한 경직된 사고방식에서 벗어나 창의적인 문제 해결 방법을 발휘하게 된다.

> **! 자기최면**
>
> 이미 이마누엘 칸트(Immanuel Kant, 1724~1804)가 자기최면의 가능성에 대해 설명하고, 그것을 실제로 사용한 바 있다. 자기최면은 심층심리학적 이론에 그 바탕을 두고 있다. 의식적인 자아와 무의식적인 자아가 있다는 사실을 받아들인 것이다. 의식적인 자아는 의지력을 가지고 있으며, 무의식적인 자아는 상상력을 가지고 있다. 상상력이 의지력보다 더 강하기 때문에 부정적인 생각이 긍정적인 생각을 대체할 수도 있다. 그러므로 병에 대한 생각은 건강에 대한 상상으로 바뀔 수 있다. 자기최면을 위해서 눈을 감고 자신이 원하는 가정이 담긴 카세트테이프를 여러 번 반복해서 듣는 방법을 이용할 수 있다.

도취 상태에서의 작업이 끝나고 나면 환자는 서서히 최면에서 깨어나게 된다. 그 이후에는 최면 동안 환자가 새로운 행동방식을 발전시킨 경험을 다시 한번 확인하는 시간을 갖는다. 이러한 과정은 특히 불안장애, 우울증, 고혈압, 통증 등 정신적·신체적 장애와 금연을 하거나 트라우마가 있는 경험에서 벗어나기 위해 사용된다.

4. 지도연상법에 의한 심리치료

지도연상법에 의한 심리치료는 심리분석 내에서 독립적인 치료 방법으로 발전하였다. 이 방법에서는 연상을 다룬다. 이러한 치료법에서는 타고난 충동과 감정, 그리고 경험이 만족과 불만족 여부에 따라 우리의 기억에 흔적을 남긴다는 사실을 전제한다.

이는 의식적일 수도 있고 무의식적일 수도 있으며, 행동과 관념을 결정한다. 긴장을 푼 상태에서 환자는 풀밭, 강가와 같은 주어진 동기에 따라 자기만의 영상을 상상하게 되는 것이다. 이런 과정에서 무의식적인 갈등이 의식적으로 나타나게 되며 치료가 이루어진다.

환자는 자신이 상상하는 영상과 자신의 느낌을 자세히 설명해야 한다. 상상을 통해 다른 상황이라면 거부했을 기분, 바람, 불안, 갈등 등을 경험하게 된다. 갈등이 상징적인 차원에서 해결될 수도 있고, 새로운 행동을 시도해볼 수도 있다.

지도연상법에 의한 심리치료는 단계적으로 이루어진다. 기본 단계에서는 표준동기를 통해 현재 중요한 삶의 테마가 명백해진다. 마차를 타는 것과 같은 또 다른 동기를 통해 중간 단계에 들어설 수 있다. 여기에서는 두려워하는 동물에게 먹이를 주어 얌전하게 만들고 결국 그것이 다른 모습으로 바뀌게 하는 불안대응의 기술이 사용된다. 상위 단계에서는 깊은 층위에서 상징과 영상이 자유롭게 드러나게 된다. 이는 강하게 억제하고 있던 충동일 수도 있다. 깊이 파악하게 됨으로써 행동범위가 확대된다.

> **! 지도연상법에 의한 심리치료의 동기**
>
> 풀밭 : 여기에서 현재의 기분이 표현된다. 들판에서 환자는 현실과 똑같이 행동한다.
> 강 : 강은 무의식과 깊은 관계를 맺고 있다. 강은 정화의 의미와 생동감을 가지고 있다. 또한 생명력과 치유력과도 깊은 연관이 있다.
> 산 : 이러한 동기는 성과를 상징한다. 얼마나 문제없이 또는 얼마나 힘들게 산을 오를 수 있는지를 알려준다.
> 집 : 이는 자기 자신을 나타낸다. 집을 얼마나 잘 꾸며놓았는지, 그곳에서 얼마나 편안함을 느끼는지 등이 자기 자신을 표현해준다.

상상은 긴장을 완화시키는 안정적인 효과를 가져다준다. 또한 정신적인 부담도 덜어준다. 이전의 부정적인 감정이 되살아나 새롭게 평가된다. 새로운 감정과 행동방식을 발전시킬 수 있는 가능성을 갖게 된다. 이러한 과정을 통해 자신의 문제 상황을 넓은 시각에서 관찰할 수 있기 때문에 새로운 인식을 얻을 수 있다. 연상훈련을 통해 능률과 창의성이 상승할 수 있다. 또한 자신감도 강화되고 갈등 상황에 대해서도 좀 더 편하게 대응할 수 있다.

5. 신체심리치료

빌헬름 라이히(Wilhelm Reich, 1897~1957)에 따르면 개인사는 자세, 호흡, 행동 등을 통해 드러나게 된다. 신체에는 억제된 감정과 경험이 있으며, 이는 아픈 경험으로부터 우리를 보호한다. 물론 그것을 통해 경험 능력은 제한된다. 이러한 전체적인 심리치료 이론에서 신체와 정신은 매우 긴밀한 관계를 갖고 있다. 치료 과정 중에는 신체가 중심에 놓이게 된다. 긴장 상태나 행동의 실수는 내면의 에너지 흐름을 저해하거나 중단시킬 수 있는 저지현상이라고 보았다. 에너지 흐름은 한 사람의 생각과 감정에 결정적인 영향을 미친다. 이 치료에서 환자는 호흡과 근육을 훈련하게 되고, 자신의 신체를 집중해서 느끼게 된다.

> **! 알렉산더 로웬(1910~)의 생체에너지학**
>
> 생체에너지 내에서 신체는 에너지이다. 이러한 에너지는 근육운동을 통해 발산된다. 로웬은 자세와 근육의 문제를 통해 성격이 드러난다고 하였다. 신체의 발달은 욕구와도 긴밀한 관계를 가지

고 있다. 욕구가 충족되지 못하면, 신체는 근육 긴장 등을 통해 스트레스 반응을 보인다. 스트레스가 오랫동안 지속되면 만성적인 긴장 상태가 유지되고, 성격에도 영향을 미친다. 특히 어린 시절의 발달에서 갈등과 꿈이 성격에 결정적인 영향을 미친다.

로웬에 따르면 어린 시절의 발달은 6단계로 이루어진다.
1. 자궁 안에서의 행복한 존재 상태
2. 출생 이후 많은 욕구를 갖는 상태
3. 어린 자아의 독립성의 시도
4. 엄마에게로의 복귀와 안락함에 대한 추구
5. 새로운 저항과 부모로부터의 독립
6. 성적인 깨달음과 오이디푸스적 갈등 상황의 발생

복잡한 발전 단계를 거치면서 아이는 자주 스트레스를 경험하게 된다. 그리고 이러한 스트레스는 성격에 각인된다.
로웬은 성격 유형을 다섯 가지로 나누었다. 그러나 이는 종종 혼합된 형태로 나타나기도 한다. 정신분열적 성격은 친근함을 기피하며 그 대신 고립을 선호한다. 반면 구두적 성격은 친근함을 추구하며 어린아이 같은 성향이 강하다. 자신이 완전한 통제력을 가질 경우에만 친근한 관계를 허용하는 사람은 정신병적 성격을 가지고 있는 것이다. 마조히즘적 성격은 자신이 완전히 복종할 수 있는 관계를 추구한다. 경직된 성격은 조심스럽게 관계를 맺으며, 신체적인 관계를 통해 구속되는 것을 원하지 않는다.
이러한 노이로제적인 특성에서 벗어나기 위해서는 신체적인 긴장 상태를 해결하는 것이 중요하다. 따라서 신체 에너지가 흐를 수 있도록 마사지나 지압 등의 기술이 사용된다. 특히 자의식을 높이는 것과 심호흡이 중요하다. 이러한 훈련을 하면서 겪는 모든 경험은 욕구와 저항 간의 긴장 상황과 관련해서 심리분석적으로 고려된다.

6. 사이코드라마

사이코드라마의 저변에 깔려 있는 기본 가정은 모든 사람은 창의적인 잠재력을 가지고 있다는 것이다. 이러한 잠재력을 펼치기 위해서는 사회적·심리적 역할이 필수적이다. 우리는 누구나 현대사회에서 자신의 감정은 전혀 인정하지 않거나 부분적으로만 인정하는 특정한 역할을 맡도록 강요를 받게 된다. 어떤 역할은 잘못 습득되기도 한다. 그로 인해 노이로제가 생길 수 있다. 사람은 본래 자신의 환경 안에서 움직이고 발전하는 창조적·사회적 존재이다. 병이 발생하면, 그 사람은 경직되고 고정적이 된다.

사이코드라마의 의미와 목표는 영혼의 진실에 대해 탐구하는 것이다. 이것은 특히 행위를 통해 이루어진다. 여기에서는 사람의 능력이 극적인 놀이, 역할의 실행, 영상이나 상징의 묘사 등에 사용된다. 억제했던 감정을 다시 경험하고 적극적으로 대응함으로써 노이로제를 극복할 수 있다.

사이코드라마에서는 정신적인 갈등 상황이나 인간적인 관계에서 나타나는 장면이 설정된다. 그런 과정을 통해 자신의 행동에 대한 인식과 새로운 경험을 연구하게 된다. 환자는 트라우마적 경험을 다시 재현하면서 그러한 경험으로부터 자유롭게 된다.

그와 마찬가지로 새로운 행동과 행동방식을 시험할 수도 있다. 말로 설명하는 것보다는 행동으로 나타내는 것이 더 쉽다. 그룹 안에서 문제와 갈등 상황을 설정하고, 감정과 행동을 넓은 관점에서 연기로 표현한다. 그러다 보면 사이코드라마를 통해 행동의 다양성과 개개인의 행동이 촉진된다. 또한 즉흥성, 관계 능력, 창의성에도 자극을 받게 된다. 그렇게 함으로써 자기 자신의 능력에 대한 믿음이 커진다. 자기 자신과 타인에 대한 공감 능력도 개선된다.

이러한 치료 형태는 세 가지 단계로 이루어져 있다. 워밍업하는 단계에서는 그룹 내에서 서로 교류를 하게 되며, 어떤 갈등 상황과 테마를 설정할 것인지에 대해 이야기를 나누게 된다. 놀이 단계에서는 개개인에게 역할이 부여되며, 테마를 제시한 사람이 주인공이 된다.

사이코드라마에서는 여러 가지 기술이 사용된다. 우선 한 사람이 주인공이 되고, 그 다음에 그와 똑같은 역할을 맡은 뒤 그 상황에 몰입하여 자신의 입장에서 얘기를 하는 것이다. 그로써 그는 주인공의 보조적 자아가 되는 것이다. 보조적 자아는 주인공이 자신의 감정을 더욱 강하게 받아들일 수 있도록 돕는다. 반면 반영하는 방법에서는 주인공의 언어적·비언어적 행위를 그룹에 있는 사람들이 모두 따라한다. 이를 통해 자신을 반성해보게 되며 자기인식을 촉진할 수 있다. 또한 역할을 바꿔보기도 한다.

세 번째 단계는 통합하는 과정이다. 그룹에 속한 사람들이 각자 자신의 역할에서 경험한 것들에 대해 보고한다. 이에 주인공은 그들의 인상, 감정, 생각을 경험하게 된다. 그것을 통해 해결 방법과 대안을 발전시킬 수 있다. 이러한 묘사는 놀이를 통해 자기 자신의 갈등 상황이 자극을 받을 수 있기 때문에 다른 그룹에도 도움이 될 수 있다.

7. 인간중심적 심리치료

칼 R. 로저스(Carl Ransom Rogers, 1902~1987)에 의해 개발된 치료 방법이다. 이러한 치료 방향의 바탕에는 삶이 이상적일 경우에는 항상 움직이고 변화한다는 가정이 깔려 있다. 인간은 계속해서 변화하는 세계에서 살고 있으며, 그 중심에 자신이 있다고 생각한다. 또한 환경의 자극과 정보를 경험과 인지를 통해 받아들이며, 환경을 어떻게 경험하고 인식하는지에 따라 다른 반응을 보인다.

자기 자신을 계속 경험함으로써 자아도 발전하게 된다. 자아 안에는 자신의 능력에 대한 의견, 자신에 대한 평가, 타인과 중요한 사람에 의한 평가 등이 있다. 자아는 사람과 환경 간의 상호작용을 통해 생겨나며, 한 사람의 인지와 평가에 영향을 미친다. 이 치료는 모든 사람이 성숙하고 심리적으로 기능적인 능력을 갖는 방향으로 발전하는데 그 바탕을 두고 있다.

로저스에 따르면 사람은 누구나 이상적인 길을 찾으며, 사람의 내면에는 그 길을 선택할 수 있는 힘이 있다고 한다. 이러한 힘은 항상 현재를 추구하는 경향이 있다. 그렇지만 현재 가지고 있는 문제나 고통이 이상적인 길로 가는 것을 방해할 수도 있다. 심리적 장애와 고통은 부조화에 의해 생겨난다. 사람에게는 가능한 한 크게 자아실현을 하고자 하는 욕구가 있다. 물론 외적인 조건이 이상적일 경우에만 가능하다. 발전의 초기 단계에서 사람은 자아와 자아에 대한 개념을 형성하기 위해 양육자로부터 사랑, 안락함, 긍정적인 배려 등을 필요로 한다.

그러나 그의 욕구가 양육자의 가치체계와 대립할 경우, 양육자는 긍정적인 애정 표현을 하지 않는다. 그러한 상황이 반복되다 보면 어느 순간 자기 자신의 욕구를 인식하지 못하거나 변형시키게 된다. 그런 다음에 자아 개념은 양육자의 바람과 욕구에 맞추게 되며, 자신의 욕구를 거부하게 된다. 필요한 관심을 받기 위해서 그렇게 하게 되는 것이다. 로저스는 이를 부조화라고 칭하였다.

인간중심적 심리치료에서는 다음의 질문에 대해 중요하게 다룬다. '나는 무엇인가? 나는 어디서 왔는가? 나는 무엇을 원하는가?' 환자는 자기 자신의 감정에 대해 접근하고 부조화를 인식하게 된다. 그로써 자아 개념을 재정비할 수 있는 전제가 마련되는 것이다.

로저스는 어떤 심리치료 방법이 효율적인지에 대해 관심을 가졌다. 그것을 위해 그는 몇 년에 걸쳐 실제 심리치료에 대한 보고서를 평가하였다. 그 결과 환자가 자신의 문제를 스스로 해결하기 위해서는 심리치료사로부터 조언이나 지시를 받는 것보다 그것을 위한 적합한 조건이 더 중요하다는 사실을 깨닫게 되었다.

8. 행동치료

행동치료의 바탕에는 발전 과정을 통해 행동의 대부분을 얻게 되었다는 전제가 깔려 있다. 정신적인 질환은 고전적인 조건 형성을 통해 생겨날 수 있다. 그에 대한 예로 개한테 사나운 공격을 당한 적이 있는 사람은 그 이후에 개를 보기만 해도 불안감을 갖는다.

학습이론에 따르면 특정한 상황에서 긍정적 또는 부정적으로 강화된 행동은 그로 인해 발전하게 된다고 한다. 예를 들어 울 경우에만 엄마가 안아주는 아이가 있다면, 그 아이는 오래 지나지 않아 엄마만 보면 바로 울게 될 것이다. 부정적인 강화를 통해 비사회적인 행동방식을 습득하게 되는 것이다.

그러나 이러한 행동이 즐거움을 통해 강화될 경우 비사회적인 행동방식이 사라질 가능성은 더욱 적어진다. 부정적인 강화 요소가 사라지면 대안적인 행동방식을 발전시키게 된다. 그로써 비사회적인 행동은 사라질 수 있다. 이 치료는 삶이나 환경의 조건을 바꿔줌으로써 학습이론의 원칙을 이용한다. 치료 과정을 통해서 일상에 유해한 행동을 없애고, 이를 새로운 행동방식으로 대체하는 것이다. 이 치료는 인간이 자기결정과 독립성을 추구한다는 가정을 바탕에 두고 있다. 그러므로 개인적인 목표와 인생관은 개발하고 실현시켜야 하는 것이다.

이러한 치료의 출발점은 현재의 문제 상태에 있다. 인간의 행동에 대해 설명하는 체계 모델의 바탕 위에는 사고적, 신체적, 운동근육적, 감정적, 인간관계적, 가족적, 존재적, 보편적 행동 차원 등이 있다. 행동 차원 간에는 상호작용, 피드백, 중복 등의 관계가 나타나게 된다. 치료 시 이러한 행동 차원을 모두 고려하게 된다. 그리고 그중 몇 가지를 집중적으로 다루게 된다.

성공적인 치료의 전제 조건은 환자의 적극적인 참여다. 환자는 구체적인 숙고를 통해 자신의 행동을 이해하고 변화시키는 법을 습득하게 된다. 자기 자신을 관찰하고, 자신의 행동을 평가하고, 적합한 행동을 강화하게 된다. 그로써 자기치유의 잠재력이 활성화되고 책임감도 강해진다.

이를 위해 긴장 완화 과정, 모범상 학습, 자극의 직면, 문제 해결 훈련 등 다양한 기술이 사용된다. 행동치료의 중요한 요소는 체계적 둔감화이다. 예를 들어 개를 무서워하는 사람이 있다면, 우선 두려움의 순위를 설정한다. 즉 두려움을 유발하는 상황의 순위를 정도에 따라 배열하는 것이다. 환자가 두려움을 유발하는 상황을 상상할 때 긴장 완화의 과정이 이루어진다. 그를 통해 두려움은 약화된다. 그 다음 과정에서는 두려움을 일으키는 자극과 직면하는 것이다. 이를 플러딩(flooding)이라고 한다. 환자는 두려움이 줄어들 때까지 두려워하는 상황 안에 있어야 한다.

행동치료에서는 사회적 능력도 훈련하게 된다. 사회적 불안에 바탕을 두고 있는 사고방식을 밝혀내고 대안을 통해 대체한다. 역할극을 통해 문제가 되는 상황을 묘사하고 해결 방법을 시도해볼 수 있다. 이러한 치료 방법의 틀 안에서 인식적 행동치료가 점점 더 중요한 가치를 차지하고 있다.

사람은 자극에만 반응하는 것이 아니라 자신의 역사의 배경 안에서 그러한 자극을 해석한다고 한다. 이러한 해석 모델은 자극을 인식할 것인지, 인식하지 않을 것인지를 결정한다. 그리고 경험, 자아상, 미래관에 의해 좌우된다. 여기에서는 자신의 능력과 자기관리가 본질적인 역할을 한다. 여기에서 프레데릭 칸퍼(Frederick Kanfer, 1925~2002)에 의해 개발된 자기관리 치료법이 사용된다. 이러한 치료에서 환자는 자기 자신을 더욱 잘 조종하고 자신의 문제를 빨리 인식할 수 있게 된다.

> **! 앨버트 엘리스(Albert Ellis, 1913~)의 합리적 · 정서적 치료이론**
>
> 엘리스에 따르면 노이로제는 잘못된 사고에 의해 만들어진다. 잘못된 사고는 부모나 선생에 의해 생겨날 수 있으며 사회의 이데올로기에 의해 더욱 일관되게 유지될 수 있다. 엘리스는 노이로제가 있는 사람들에게서 몇 가지 비합리적인 사고를 발견하였다. 우선 완벽주의적인 사고가 있다. 자신의 모든 행동이 모든 사람에게 사랑받기를 원하는 것이다. 이들은 항상 능력 있고, 성공적이고, 똑똑한 사람이어야 한다는 생각을 가지고 있다. 또한 모든 것을 통제하기를 원한다. 또 다른 한편으로 참사에 대한 생각을 가지고 있다. 이들은 특정한 행동이 부정적이며, 그것이 참사로 이어질 것이라는 신념에 의해 강한 영향을 받는다. 자기폄하에 대한 생각도 존재한다. 자신의 감정은 통제할 수 없으며 자신이 무력하다는 느낌을 가지고 있다. 사람은 의지할 수 있는 어떤 강한 것을 필요로 한다. 노이로제가 있는 사람들은 허용할 수 있는 좌절의 정도가 매우 낮으며, 문제 앞에서 도피하는 경향을 보인다. 자신이 바라던 상황과 다른 상황이 발생하면 이를 매우 견디기 힘들어한다.

9. 가족치료

가족치료에서는 개인뿐 아니라 가족 전체가 중요하다. 개인의 문제는 가족구성원의 행동에 의해서 발생하기 때문이다. 어떤 가족이든 고유의 구조와 구성원들 간의 관계를 가지고 있다. 이는 의사소통의 체계, 기대, 공통점 등에 의해 강한 영향을 받는다. 가족구성원은 누구나 서로에게 영향을 미치고 영향을 받는다. 그러므로 정신적인 장애는 가족 간의 의사소통에서 나타난다고 볼 수 있다. 그러므로 치료에서는 가족구성원들에게 새로운 가능성과 행동방식을 보여주고, 그것을 통해 서로의 관계를 개선하게끔 한다.

1) 버지니아 사티어(Virginia Satir, 1916~1988)의 경험적 가족치료

20세기에 형성된 소가족의 구성원은 감정, 기대, 관계 등으로 인해 부담을 갖는 경우가 많다. 낭만적인 파트너 관계, 정절, 애정 있는 부모의 사랑 등이 종종 실현되지 않는 것이다. 그로 인해 관계 내의 위기, 이혼, 세대 간의 갈등 상황이 생겨난다. 심각한 경우에는 가족구성원 중 한 사람 또는 여럿에게 정신장애가 나타날 수 있다. 가족체계가 완전히 무너지는 것을 막기 위해 구성원에게 병이 나타나는 것이다.

사티어는 장애가 있는 가족체계와 발전적인 가족체계를 구분하였다. 장애가 있는 가족체계에서는 의사소통에 감정이 담겨 있지 않고, 대화를 자세하게 하지 않으며, 큰 소리나 작은 소리로 한다. 또한 서로의 이야기를 들어주는 것을 힘들어하며, 시선을 마주치는 일도 별로 없다. 이러한 가족구성원의 특징은 경직된 태도를 보이며 퉁명스럽다.

반면 발전적인 가족체계에서는 언어가 명료하며, 감정에 대한 대화를 한다. 이들은 서로의 이야기를 주의 깊게 들어주고 항상 시선을 마주한다. 분위기는 긍정적이고, 신체 언어도 다양하며 유연하다.

가족 간의 논쟁 속에서 자기가치에 대한 감정을 보호하기 위해 사용할 수 있는 의사소통 유형에는 네 가지가 있다. 진정, 비난, 합리화, 관심 돌리기다.

진정에서는 상대방이 화를 내는 것을 가족구성원들이 원하지 않기 때문에 조심스러운 표현을 쓰고 상대방의 말에 모두 긍정한다. 그들은 자기 자신이 가치 없다고 느끼며 항상 자기 안에서 잘못을 찾는다. 또한 버림받을까 봐 매우 두려워한다.

반면 상대방이 강하다고 생각될 때에는 비난을 하게 된다. 가족구성원들은 큰 소리로 논쟁을 하고 대답을 기다리지 않는다. 여기에서는 상대방이 무슨 말을 하는지, 그것이 무슨 의미인지가 전혀 중요하지 않다. 단지 자신이 권력을 가지고 있다는 사실을 상대방에게 보여주는 것만이 중요하다. 그들은 자주 자신이 이해받지 못하며, 가치 없고, 외롭다고 느낀다. 공격은 방어를 위해 사용되는 것이다.

또 다른 모델로는 합리화가 있다. 이런 가족구성원은 이성적이고 설명적인 단어를 사용하며 큰 변화가 없는 어조로 말한다. 말의 내용은 자신의 감정과는 아무런 관련이 없다. 여기에 속하는 사람은 감정과 통제력 상실에 대한 두려움을 갖는다. 또한 이러한 대화 스타일은 다른 사람에게 지루함을 불러일으키며 도망가고 싶다는 생각을 하게 한다.

또 다른 의사소통 모델로는 관심 돌리기가 있다. 테마를 얼른 바꿈으로써 위협으로부터 벗어나 구체적인 사실을 피하는 것이다. 그런 사람은 방향성을 상실한 것 같은 느낌을 갖게 된다.

심리치료에서는 우선 가족사가 재구성된다. 또한 부모의 어린 시절 경험을 중요하게 다룬다. 가족의 구성도를 작성해보거나 가족의 모든 규칙과 역사에 대한 자료를 모아보기도 한다. 가족사진이 추가적으로 이용된다. 이러한 치료 형태에서도 서로의 관계와 의사소통을 중요하게 다룬다. 의사소통 모델은 역할극을 통해 밝혀낼 수 있다.

2) 호르스트 에버하르트 리히터(Horst Eberhard Richter, 1923~)의 심리분석적 가족치료

이 모델에 따르면 정신적인 질환은 가족 내에서 주어진 역할에 의해 생겨난다. 이러한 역할은 의식적·무의식적으로 주어지는 서로에 대한 기대에 의해 만들어지는 것이다. 각자에게 주어진 역할은 갈등 상황 안에서 긴장을 약화시키는 기능을 갖는다. 여기에서 특징적인 것은 가족 구성원 개개인이 높은 평가나 보상을 받기 위해 역할을 맡는다는 것이다. 이는 일종의 조종과 같이 작용한다.

리히터에 따르면 가족 내에는 다섯 가지 노이로제적 역할 유형이 있다. 파트너 대체의 역할에서는 한 사람이 파트너를 대체하는 역할을 맡을 것을 강요받게 된다. 예를 들어 아들이 아빠를 대신하게 되는 것이다.

또 다른 한편으로는 모사의 역할이 있다. 여기에서는 다른 사람의 자아상을 그대로 모사해서 보여주는 역할을 맡게 된다. 예를 들어 외도를 하고 싶어하는 엄마가 아빠에게 외도를 했다고 의심하며 책임을 묻는 것이다.

이상적인 자아상의 역할을 맡을 경우에는 다른 사람이 실현하지 못한 이상을 대신 충족시켜야 한다. 그로써 그 사람은 매우 많은 관심과 배려를 받게 된다. 예를 들어 아빠가 자신의 목표를 달성하지 못했을 때, 자녀에게 훌륭한 성과를 가져올 것을 요구하는 경우가 있다. 한 사람이 다른 사람의 부정적인 면을 받아들였을 경우, 이를 부정적인 자아의 역할이라고 한다. 이러한 구성원은 가족체계 안에서 문제아가 된다.

마지막으로 동맹자의 역할이 있다. 이는 가족끼리, 또는 가족 외에서 갈등 상황이 생겼을 때 일종의 동맹을 결성하는 사람을 말한다. 예를 들어 부부싸움을 할 때 엄마가 아이들의 도움을 받아 아빠를 상대로 싸우는 경우를 들 수 있다.

리히터는 노이로제적 가족을 세 가지로 구분한다. 요양소형 가족은 모든 외적 자극을 차단하고 개인의 독자성에 대한 추구를 막기 위해 노력한다. 요새형 가족은 모든 부정적인 감정을 가족 외부에 있는 다른 사람에게 전이시킨다. 그것을 통해 가족 내의 관계는 더욱 견고해진다. 연극형 가족은 모든 나르시스트적 추구가 가족 내에서 표출된다.

심리분석적 가족치료에서는 가족이 스스로 테마를 결정한다. 여기에서 치료사는 주의 깊게 들어주는 역할을 한다. 또한 가족의 역할 구조를 이해하고 이러한 역할체계와 그 결과를 가족구성원들이 분명히 깨달을 수 있게 해준다. 치료사는 역할에 의한 문제를 치료 외의 시간에도 스스로 해결하고, 역할이 고정되는 것에서 벗어날 수 있도록 가족에게 동기를 부여해주어야 한다.

10. 게슈탈트 요법

게슈탈트 요법은 프리츠 페를스(Fritz Perls, 1893~1970)에 의해 만들어졌다. 이것은 통합적인 치료 형태로 심층심리학, 게슈탈트 이론, 존재철학에 그 바탕을 둔다. 여기에서 인간의 삶은 지속되는 과정으로 파악하며, 개인은 자신의 환경과 계속해서 생산적인 논쟁을 벌인다고 본다. 이는 평생 동안의 성장 과정, 잠재력, 정신적 건강에 대한 내적 동기를 전제로 한다.

> **! 아홉 개의 계명**
>
> 게슈탈트 요법은 저항과 히피 운동의 시대인 1960년대에 널리 확대되었다. 소위 무정부주의 철학으로부터 게슈탈트 요법의 아홉 개의 계명이 만들어졌다.
> 1. 현재를 살아라. 과거나 미래의 환상이 아닌 현재를 돌보라.
> 2. 이곳에 살아라. 부재하는 것이 아니라 존재하는 것들에 몰두하라.
> 3. 상상하는 것은 이제 그만, 현실을 경험하라.
> 4. 불필요한 일들에 대해 생각하는 것도 그만, 일단 시도해보는 것이 훨씬 낫다.
> 5. 설명하고, 합리화하고, 평가하는 대신 너 자신을 표현하라.
> 6. 기쁜 일과 마찬가지로 기쁘지 않은 일도 받아들여라.
> 7. '~해야만 한다'라는 의무는 너 자신의 것이 아니라면 어느 것도 받아들이지 마라.
> 8. 너의 행동, 감정, 생각에 완전히 책임져라.
> 9. 현재의 너의 모습 그대로(다른 사람의 모습 그대로) 너 자신(다른 사람)을 인정하라.
>
> —마르쿠스(Marcus E.), 『게슈탈트 요법』(1979년)에서

건강한 사람들은 다른 사람과의 교류와 단절 사이에 일정한 리듬을 가지고 있다. 그러나 심리적 장애가 나타나면, 그 장애의 정도에 따라 이러한 흐름이 단절된다. 또한 욕구에 따라 생각이나 느낌이 하나의 형상으로서 중심에 놓이게 되고, 충족되어야만 한다. 그러한 충족이 가능하면

그 형상은 무의식으로 넘어갈 수 있고, 그로써 새로운 욕구에게 자리를 내줄 수 있다. 그러나 욕구가 충족되지 않으면 교류에 장애가 생긴다.

이러한 장애를 극복하기 위해서는 몇 가지 전략이 필요하다. 그중 하나는 내부와 외부의 경계를 애매하게 함으로써 자신의 한계를 모호하게 하는 것이다. 또 다른 전략으로는 투사 등을 통해 자신의 욕구를 타인의 욕구로 전이하고 폄하하는 것이다. 그와 마찬가지로 다른 사람에 대한 공격적인 충동을 자기 자신에게 가할 수도 있다.

게슈탈트 요법의 목표는 성장, 자아실현 그리고 자기 자신에 대한 전적인 책임 등이다. 치료에서는 치료를 받는 바로 그 순간에 환자의 가장 중요한 경험과 행동을 다룬다. 그로써 현재의 감정을 반영해주는 전체적인 형태가 만들어진다.

치료를 통해 환자는 상황과 욕구의 인식에 대한 섬세함을 얻게 되며, 결국 자기치료에 대해 자극을 얻게 된다. 환자는 자신이 언제 그리고 어떻게 자기감정과 내용을 기피하게 되는지를 인식할 수 있어야 한다.

과거에 해결되지 않은 상황이 있다면 대화, 역할극, 연상법을 통해 현재화하고 그것을 다시 한번 새롭게 경험하게 된다. 그로써 억제된 감정과 기억이 표현되고, 해결되지 않은 형태가 종결될 수 있다. 치료사는 환자가 더 이상 의식적으로 인식하지 못하는 모든 감정과 행동을 말로 표현해준다. 본질에 접근하기 위해 슬픔이나 분노와 같은 부정적인 감정도 허용해야 한다. 그렇게 자기 자신을 현실적이고 솔직하게 보게 되며, 스스로를 인정하게 되고, 새로운 경험 모델을 발전시킬 수 있게 된다.

11. 심리사회적 상담

상담소는 개인적인 테마와 질문에 대해 이야기를 하고 싶을 때 가장 먼저 찾게 되는 곳이다. 상담에서는 특수한 삶의 단계에서 나타날 수 있는 갈등 상황을 다룬다. 그 중심에는 위기와 그에 대한 해결 방법이 놓여 있다. 상담소마다 다루는 테마가 다르며, 주로 특정한 환자를 대상으로 치료한다.

직업 관련 상담소에서는 개인의 자원과 발전가능성에 대한 평가를 하게 된다. 또한 가족 내에서 일어나는 문제에 도움을 주는 교육상담소도 있다. 여기에서는 부모와 자녀 간의 갈등, 학습의 어려움, 이혼 문제, 가족 내 폭력, 청소년의 위기 상황 등을 다룬다. 교육 문제에 대한 해결책과 장애에 대한 대처 방안도 찾게 된다.

많은 상담소에서는 어린이, 청소년, 부모를 위한 상담을 제공한다. 교육자와 같은 전문인들도 조언을 받을 수 있다. 상담소에서는 대화 외에도 엄마들을 위한 단체나 놀이그룹 등과 같은 사회적 지원에 대한 정보도 제공한다.

이들의 또 다른 과제 영역은 성 문제 상담이다. 여기에서는 성 교육, 성 장애 문제, 임신 준비, AIDS 예방법 등을 중요하게 다룬다. 약물 상담에서는 학교에서의 계몽 캠페인을 통한 예방법을 홍보하는 것 외에도 약물중독자 상담, 적합한 치료법을 찾기 위한 상담 등을 중요한 과제로 다룬다.

12. 조정(調停)

조정은 갈등 상황의 해결 과정으로, 그러한 과정을 통해서 갈등 상황에 있는 당사자들이 모두 만족할 수 있는 해결법을 발전시켜야 한다.

두 사람 간에 갈등이 생기면, 중립적인 제삼자가 참여하는 게 문제 해결에 도움이 될 수 있다. 또한 양쪽 모두 갈등을 해결할 수 있는 능력을 가지고 있어야 한다. 이때 모두의 이해관계를 위해 참여하고, 중립적으로 행동하는 조정자가 도움을 주게 된다. 해결 방안을 찾는 과정에서 양측 간에 불균형이 생기면, 조정자는 이에 대해 언급함으로써 균형을 유지할 수 있도록 한다.

조정의 목적은 양측이 앞으로 서로를 어떻게 대할 것인지를 규정하고 협상하는 것이다. 조정이 시작되면 우선 참가자들에게 조정 과정의 원칙, 목표, 내용을 설명하게 된다. 때때로 서로 합의된 규칙과 조건을 조정계약서를 통해 확인하기도 한다. 상대방이 말을 마음 편하게 할 수 있게끔 하며, 내용에 대해서는 비밀을 유지해야 한다는 것 등이 포함된다. 이러한 과정을 위해서 양측의 자발적인 참여가 전제 조건이 되어야 한다.

조정자는 자신의 행동과 가치평가 방식을 통해 대화의 분위기를 결정한다. 또한 서로가 상대방을 어떻게 대해야 하는지를 모범적으로 보여주어야 한다. 그 다음 서로 분쟁이 되는 테마에 대해 진술한다. 각자 자신의 관점에서 설명을 하고, 어느 부분에서 일치점이 발견되고 있는지에 대해서도 언급한다. 그러한 바탕이 마련이 되면 해결 방법을 찾아내게 된다. 조정자는 서로가 상대방의 입장을 이해할 수 있게끔 도움을 주어야 한다. 여기에서 중요한 점은 상대방의 이해관계와 욕구에 대해 알아내는 것이다. 갈등 상황의 해결에서 상대방의 이해관계가 고려되어야 하며, 권력을 이용해 자신의 입장을 관철시켜서는 안 된다. 상담을 통해 얻은 대안적인 해결 방법들 가운데 두 사람이 모두 동의하는 해결 방법을 찾아야 한다. 끝으로 상담 결과에 대해 합의한 내용을 글로 기록한다.

조정은 다양한 분야에서 이용된다. 가족 조정에서는 이별이나 이혼 등의 결과를 다루게 된다. 이때 서로 어떻게 교류할 것인지, 양육권은 어떻게 할 것인지, 양육비는 어떻게 할 것인지 등의 문제를 중요하게 다룬다.

경제 분야에서도 조정이 점점 더 중요한 의미를 지닌다. 조정 과정은 직장 문제, 모빙, 임금 협상, 기업 통합, 기업 인수 등에서도 사용된다.

학교 역시 조정이 필요한 곳이다. 여기에서는 주로 학생들 간의 갈등에 대한 조정과 폭력 예방을 중요한 테마로 다룬다. 종종 '또래 집단 조정'의 모델이 사용되기도 한다. 즉 선별된 학생이 싸움의 중재자로서 친구들의 논쟁을 조정하는 것이다.

찾아보기

(가)
감성지수 / 77
감정 / 51
감정과 건강 / 55
게슈탈트 심리학 / 38
게슈탈트 요법 / 168
경험주의 / 21
계몽시대 / 19
고대시대 / 13
고든 W. 올포트 / 137
고전적 조건 형성 / 66
공격성 / 44
공황장애 / 96
관찰 / 143
광고 110
광고에서 사용되는 고전적 조건 형성 / 68
광고에서의 학습과 정보 저장 / 111
광장공포증 / 96
구스타프 테오도어 페히너 / 26
기억 / 55
기억력은 어떻게 작용하나 / 56
꿈의 상징 / 149

(나)
나르시시스트 / 47
나치시대의 심리학 / 30
낭만주의 / 23
낯선 사람에 대한 평가 / 78
너 자신을 알라 / 22
노동 동기 / 104

(다)
대인공포 / 98
데이비드 웩슬러 / 76
도시심리학 / 117
동기심리학 / 41

동물심리학 / 23
동화작용 / 39
두려움과 겁 / 75

(라)
레오나르드 베르코비츠 / 47
레이몬드 카텔 / 77
루이스 서스틴 / 77
르네 데카르트 / 20

(마)
마틴 루터 / 18
말의 영향 / 130
매리 애인스워드 / 87
먹기 / 43
모범상을 통해 배우기 / 69
모빙 / 84
무자퍼 셰리프 / 79
문제 해결 / 63
문화가 여성에게 미치는 영향 / 46
문화에 따른 갱년기 / 95
뮐러리어의 착시 현상 / 37
밀턴 에릭슨 / 154

(바)
발달심리학 / 24
발달심리학 / 86
방어 메커니즘 / 148
뱃속에 나비들이 춤추는 것 같은 울렁거림 / 83
버러스 스키너 / 69
버지니아 사티어의 경험적 가족치료 / 165
법심리학 / 128
병리심리학 / 95
불안장애 / 96
빌헬름 라이히 / 157
빌헬름 분트 / 26

(사)
사랑 / 82

사이코드라마 / 158
사이코메트리 / 25
사회심리적 관점 / 113
사회심리학 / 78
상자 과제 / 65
생각과 문제 해결 / 59
생리심리학 / 25
샤를로테 뷜러 / 24
성격심리학 / 71
성공을 통해 배우기 / 68
성별 간의 차이 / 102
성인 / 93
성취동기 / 48
스테레오타입 / 78
스토아 학파 / 15
스트레스 / 106
시간의 경험 / 118
시장심리학, 광고심리학, 소비자심리학 / 109
식이장애 / 102
신빙성 / 131
신체심리치료 / 157
신학대전 / 18
실험심리학 / 26
심리물리학 / 38
심리사회적 상담 / 170
심리적 테스트 과정 / 145
심리학 연대표 / 32
심리학의 개념 / 19
심층심리학 / 146
심층심리학 / 28
19세기의 발전 과정 / 24

(아)
아들러의 개인심리학 / 152
아리스토텔레스 / 15
아우구스티누스 / 17
아홉 개의 계명 / 169
알렉산더 로웬의 생체에너지학 / 157
알프레트 아들러 / 29
앨버트 밤두라 / 70
앨버트 엘리스의 합리적·정서적 치료이론 / 164
에드워드 톨먼 / 28
에른스트 베버 / 38
에른스트 크레치머 / 73
에리히 프롬 / 30
s요소 / 76
에이브러햄 매슬로 / 50
에피쿠로스 학파 / 15
엘렉트라콤플렉스 / 73
M. C. 에셔 / 60
영유아기 / 87
오르페우스 / 14
오스발트 퀼페 / 27
오이디푸스콤플렉스 / 72
왜 잊어버리게 되나 / 57
외국인 혐오 / 127
우울증 / 100
윌리엄 맥두걸 / 27
윌리엄 슈테른 / 24
이드 / 71
이반 파블로프 / 66
20세기의 심리학 / 27
인간기계론 / 22
인간중심적 심리치료 / 160
인지(認知) / 35
인지의 지속성 / 40
인터뷰 / 144
일반화된 불안장애 / 97

(자)
자극과 수용체 / 37
자기최면 / 154
자기효능감 / 49
자아 / 74
잠재적인 인식 / 111
전후시대 / 31
정서장애 / 100
정치심리학 / 124

정치와 정치기관에 대한 신뢰감 상실 / 125
조정(調停) / 171
조증 / 100
존 로크 / 21
존 B. 왓슨 / 27
종교심리학 / 132
종교와 건강 / 136
종교와 사회심리학 / 133
종교와 성격 / 137
좌절-공격성 가설 / 46
주거 환경 / 116
줄리앙 오프레 드 라 메트리 / 22
중세시대 / 16
증언 능력 / 129
지그문트 프로이트 / 28
지그문트 프로이트의 심층심리학 / 147
지그문트 프로이트의 역동적 성격이론 / 71
지능 / 76
지도연상법에 의한 심리치료 / 155
지도연상법에 의한 심리치료의 동기 / 156
g요소 / 76
직원 선별 / 108
직장심리학과 조직심리학 / 104
직장에서의 신기술 / 108
진단학적 방법 / 143
집단 / 83

(차)
찰스 다윈 / 23
찰스 스피어먼 / 76
참여 가능성 / 121
청소년 / 91
청크 / 56
초등학생 / 91
최면 치료 / 154
추론적인 생각 / 62
취학 전 아동 / 88

(카)
카렌 호나이 / 30

카를 구스타프 융 / 29
카를 구스타프 융의 분석치료 / 150
칼 둔커 / 64
칼 R. 로저스 / 160
크라우딩 / 117
크레치머의 유형론 / 73
크리스티안 볼프 / 21
클라우디우스 갈레누스 / 16
클라크 헐 / 28

(타)
태도 / 54
토마스 아퀴나스 / 18
특정 대상에 대한 공포 / 98

(파)
폭력성의 증가 / 70
표정 / 53
프리츠 페를스 / 168
플라톤 / 14
피암시성 / 130
필리프 슈바르체르트 / 19

(하)
학습 / 65
학습을 위해 필요한 것 / 58
합리주의 / 21
행동주의 이론 / 74
행동치료 / 162
헤르만 에빙하우스 / 26
헤르만 폰 헬름홀츠 / 25
현대의 심리학 정의 / 31
호르스트 에버하르트 리히터의 심리분석적 가족치료 / 167
환경 문제에 의한 심리적 영향 / 119
환경심리학 / 114
환경심리학의 일반적인 관점 / 115
휴리스틱 / 62
히포크라테스 / 73